# Fe más allá de la razón

*Donde solo es posible con Dios*

A. W. TOZER

PORTAVOZ

Para: Angie
de: Amy La Fe mueve montañas
2-16-17

La misión de Editorial Portavoz consiste en proporcionar productos de calidad —con integridad y excelencia—, desde una perspectiva bíblica y confiable, que animen a las personas a conocer y servir a Jesucristo.

Título del original: *Faith Beyond Reason,* © 1989 publicado por Zur Ltd., 3825 Hartzdale Drive, Camp Hill, Pennsylvania 17011.

Traducción: José Luis Martínez

Edición en castellano: *Fe más allá de la razón,* © 2012 por Zur Ltd. y publicado por Editorial Portavoz, filial de Kregel Publications, Grand Rapids, Michigan 49501. Todos los derechos reservados.



EDITORIAL PORTAVOZ
P.O. Box 2607
Grand Rapids, Michigan 49501 USA

Visítenos en: www.portavoz.com

ISBN 978-0-8254-0526-6

1 2 3 4 5 edición / año 16 15 14 13 12

*Impreso en los Estados Unidos de América*
*Printed in the United States of America*

# Contenido

# Prólogo

Cuando A. W. Tozer falleció en 1963, el público cristiano que había llegado a apreciar tanto sus mensajes ungidos por el Espíritu Santo y sus escritos siempre incisivos quedó desconsolado. En el tiempo de su muerte se hallaban publicados, además de los trece años de la revista *Alliance Witness* (ahora *Alliance Life*) que había dirigido, los siguientes diez libros:

*Wingspread* (Alas desplegadas)
*Let My People Go* (Deja salir a mi pueblo)
*The Pursuit of God* (La búsqueda de Dios)
*The Divine Conquest* (La conquista divina). Ahora titulado *The Pursuit of Man* (La búsqueda del hombre)
*The Root of the Righteous* (La raíz de los justos)
*Keys to a Deeper Life* (La clave a una vida más profunda)
*Born after Midnight* (Nacido después de la medianoche)
*Of God and Men* (De Dios y de los hombres)
*The Knowledge of the Holy* (El conocimiento de lo santo)
*The Christian Book of Mystical Verse* (El libro cristiano de versos místicos)

Partiendo de esos pocos títulos, las obras de A. W. Tozer se han expandido de forma exponencial en los años desde que mi predecesor, H. Robert Cowles, publicó *Faith Beyond Reason* (Fe más allá de la razón) (basado en una serie de sermones grabados en cinta). Otros mensajes grabados, editoriales y artículos han sido usados incesantemente. El resultado es que hay, en varios formatos, un número creciente de obras de A. W. Tozer.

Los libros arriba mencionados son los que él escribió cuidadosamente. Luego estaban los editoriales y artículos, no trabajados con tanto esmero, pero también ricos en pensamiento cristiano. Las cintas grabadas también han demostrado ser un rico filón. Contando los materiales grabados en cinta, hay actualmente unas sesenta obras disponibles en el mercado. Precisamente en estos primeros meses de 1997 he visto material nuevo procedente de la colección archivada en el Wheaton College y porciones de información bastante extensas pertenecientes a los escritos de Tozer anteriores a la guerra. Hay una nueva biografía en proceso. Un fenómeno más reciente es el deseo de muchos autores de analizar y sistematizar a A. W. Tozer. Un autor canadiense está a punto de firmar un contrato sobre *Tozer, los años canadienses.*

Todavía no ha llegado el tiempo cuando ya lo sepamos todo acerca de A. W. Tozer. Como guardianes agradecidos de su legado, estamos asombrados.

N. Neill Foster, redactor
Christian Publications, Inc.
Febrero de 1997

CAPÍTULO

1

# A todos los que le recibieron

Comenzamos con un texto explosivo, pues nos habla acerca de un nacimiento misterioso, invisible, místico. Esto es lo que dice:

> A lo suyo vino, y los suyos no le recibieron. Mas a todos los que le recibieron, a los que creen en su nombre, les dio potestad de ser hechos hijos de Dios; los cuales no son engendrados de sangre, ni de voluntad de carne, ni de voluntad de varón, sino de Dios (Jn. 1:11-13).

Un texto así no se puede manejar debidamente sin entrar en áreas que algunos pueden considerar radicales. No se puede manejar sin considerar el hecho de que hay muchas personas en el mundo que son *creación* de Dios, pero no son *hijos* de Dios.

No se puede manejar sin admitir que verdaderamente creemos en la paternidad de Dios y en la hermandad del hombre. (Siga leyendo y vea lo que la Palabra de Dios dice acerca de estos conceptos).

No se puede manejar sin tener en cuenta el rechazo de muchos "creyentes cristianos" a aceptar las condiciones del verdadero discipulado, la disposición de dar la espalda a todo lo que sea mundano por amor de Cristo Jesús.

No lo podemos manejar sin pensar en la realidad de que recibir a Cristo Jesús como Salvador y Señor debe ser un acto dinámico de toda la personalidad y no una "aceptación pasiva" que convierte al Salvador en un vendedor de puerta en puerta.

Y ciertamente no lo podemos manejar sin la advertencia de que el cristianismo evangélico se encuentra en una calle sin salida si sigue aceptando la actividad religiosa como una prueba legítima de espiritualidad.

En este texto Dios nos informa acerca de ciertas personas que nacen. Eso es importante. Dios hace un alto en su camino para hablar de ciertas personas que nacen, y bien sabemos que Él nunca hace nada sin un propósito. Todo lo que hace es vivo, significativo y brillante. ¿Por qué iba el Dios Todopoderoso, quien sostiene la tierra en el hueco de su mano, que pone al sol en el cielo para que brille y coloca las estrellas en todos los rincones del firmamento, por qué este Dios usa unas líneas importantes en el registro bíblico para hablar de personas que nacen?

**Hay mucho para considerar**

Hay mucho que tenemos que considerar aquí, porque nosotros generalmente pensamos del nacimiento humano como algo muy común. Nacen tantos niños en este mundo cada día que no hay nada especial en ello, excepto para los padres y para unos pocos familiares o amigos. Pero la única forma de entrar en este mundo es por medio del nacimiento. Explicaciones tales como que venimos mediante un rayo de sol o en las alas de una cigüeña no funcionan. Todos nosotros hemos nacido al menos una vez.

Nuestro Señor Jesucristo fue uno de los maestros más realistas que jamás han vivido, y aquí las Escrituras nos hablan de "engendrados de sangre" y como un resultado de "voluntad de carne" y de "voluntad de varón", que indica el rito socialmente aceptado del matrimonio y del instinto biológico que está detrás de cada nacimiento. Este es el nivel de vida en el que nacemos.

No, no hay nada notable ni especial en que alguien nazca y, no obstante, aquí encontramos a Dios motivando al apóstol a hablar acerca de ello. Lo tiene registrado en su Libro santo mediante inspiración divina, preservado a gran costo de sangre, lágrimas, esfuerzo y oraciones durante más de dos mil años. Llega a nosotros por medio de las traducciones en un español familiar. Es un mensaje acerca de que ciertas personas nacen, y la razón por la que es eso significativo y no ordinario es porque es el resultado de un nacimiento místico, que no tiene nada que ver con el nacimiento físico que todos conocemos.

Juan nos dice claramente que es un nacimiento que tiene lugar en otro nivel; no en el nivel de carne y sangre. Nos dice que es un nacimiento que no tiene nada que ver con sangre, huesos o tejidos. Es un nacimiento que no tiene tras de sí el impulso de la carne o de los compromisos sociales que conocemos como matrimonio.

**Es un acto de Dios**

Este nacimiento invisible del que habla Juan es una acto de Dios. Juan está hablando de algo que está más allá del nacimiento físico que conocemos. Los sentidos pueden tocar el nacimiento físico. Cuando nosotros nacimos en este mundo, los que nos rodeaban podían vernos y sentirnos, sostenernos y pesarnos. Podían lavarnos, vestirnos y alimentarnos. Pero este nacimiento invisible y misterioso del que nos habla Juan no tiene nada que ver con la carne. Es del cielo. Este nacimiento es del Espíritu, un nacimiento de otra clase, un nacimiento místico.

Algunas personas se perturban mucho cuando un predicador usa la palabra místico. Inmediatamente se disponen a echarle y reemplazarle con otro que esté tan temeroso de esa palabra como lo están ellos. Yo no le tengo temor a la palabra místico porque toda la Biblia es un libro místico, un libro de misterio, un libro de asombro. He descubierto que no podemos seguir muy lejos el rastro de ningún fenómeno, por simple que sea, sin toparnos con el misterio y la oscuridad. Lo mismo sucede en el nivel espiritual.

Las personas a las que el apóstol se dirige habían tenido un nacimiento místico, un nacimiento del Espíritu que es del todo opuesto a toda clase de nacimiento que habían conocido en el sentido físico. Si Jesús nuestro Señor se hubiera limitado a hablar solamente acerca de personas nacidas físicamente en el mundo, nunca lo habrían escuchado y sus enseñanzas no habrían quedado preservadas por escrito. El nacimiento físico es demasiado común, todos nacemos de ese modo. Pero estas personas habían experimentado un nacimiento que no es del cuerpo, sino del corazón. No habían nacido en el tiempo, sino en la eternidad. No habían nacido de la tierra, sino del cielo. ¡Habían experimentado un nacimiento interior, un nacimiento espiritual, un nacimiento misterioso, místico!

**Un otorgamiento especial de Dios**

Este nacimiento invisible es un otorgamiento especial de

parte de Dios. Sé que hay un sentido en el que la soberanía de Dios está por encima de todo. Me gusta pensar que no hay ningún niño nacido en ninguna parte del mundo que Dios no conoce como creación suya. Uno de nuestros filósofos ha dicho que no hay hijos ilegítimos, sino solo padres ilegítimos. En este sentido, aun aquellos que nacen sin el beneficio del clérigo o de las formalidades de la ceremonia de boda son, no obstante, del Dios Todopoderoso, pues son su creación. Pero eso tiene que ver con el nivel de la naturaleza, y eso no es de lo que nuestro Señor estaba hablando cuando le dijo a Nicodemo: "Os es necesario nacer de nuevo" (Jn. 3:7).

Este otro nacimiento, el misterioso y espiritual, tuvo lugar mediante un otorgamiento especial. Era completamente diferente y superior a la primera clase de nacimiento. El nuevo nacimiento da un derecho fuera de lo común: "El derecho de nacer en la familia de Dios y de esa forma ser hijo de Dios".

Ahora bien, cuando antes hablé acerca de creer en la paternidad de Dios, me refería al hecho de que Dios es el Padre de todos lo que creen. Él es el Padre de todos los que en el cielo y en la tierra llevan su nombre. Pero Dios no es Padre del pecador. No extiendo indebidamente su paternidad para abarcar a toda la humanidad, porque Dios no es el Padre del asesino y del inmoral. Dios es el Padre de los que creen. No voy a permitir que los liberales y los modernistas me pongan contra la pared y me hagan negar la paternidad de Dios.

Además, creo en la hermandad del hombre. Dios ha hecho de una misma sangre a todos los que moran sobre la faz de la tierra. Todos los que nacen en este mundo nacen de una misma sangre. El color de nuestra piel puede ser diferente; algunos pueden tener el cabello rubio y otros negro, algunos lo tienen rizado y otros lacio. Podemos diferenciarnos unos de otros en la apariencia, pero hay, no obstante, una vasta hermandad humana, pues todos descendemos del mismo hombre Adán cuyo pecado mortal trajo la muerte y todos sus frutos amargos a este mundo.

## La hermandad dentro de la hermandad

Pero hay otra hermandad dentro de la hermandad. Es la hermandad de los santos de Dios, porque el hecho de que exista una amplia fraternidad humana no quiere decir que todos los hombres sean salvos. No lo están. Hasta que no son salvos, nacidos de nuevo, no pertenecen a la hermandad de los redimidos.

En esto es en lo que se equivocan los liberales y los modernistas. Ellos insisten en que debido a que la humanidad es una hermandad, todos somos hijos del mismo Padre y, por lo tanto, todos somos salvos. Eso no tiene sentido; no es bíblico y no es verdad.

Estoy en desacuerdo con el liberal que quiere reducir a cada uno a un solo nivel: cristiano y no cristiano, religioso e irreligioso, salvo y perdido, creyente e incrédulo. Creo que hay una hermandad del hombre que viene por medio del primer nacimiento y otra hermandad que viene a través del segundo nacimiento. Por la gracia de Dios, quiero pertenecer a la hermandad sagrada y mística de los rescatados y redimidos, al compañerismo de los santos que se reúnen alrededor del cuerpo quebrantado y la sangre derramada de nuestro Salvador.

De manera que es un nacimiento misterioso, y nos proporciona un privilegio especial. "Mas a todos los que le recibieron, a los que creen en su nombre, les dio potestad de ser hechos hijos de Dios". Es un don. Dios nos da el privilegio, el derecho legal, de ser hechos hijos de Dios. Eso es lo que significa que una persona nazca en el seno del reino de Dios. La Biblia en realidad nos dice que Dios nos ha dado el privilegio de nacer, y no es solo poesía. A veces usamos una frase poética y el lector tiene que editarla y analizarla para conseguir ver el germen de verdad que contiene y averiguar lo que significa. Pero esto no es poesía, ¡es teología! "Les dio potestad de ser hechos hijos de Dios".

**Este nacimiento es una noticia importante**

A la luz de esta declaración tan asombrosa, podemos entender por qué estas personas del nuevo nacimiento merecieron ser noticia, por qué aparecen mencionados, por qué el Dios Todopoderoso puso en su Libro que ciertas personas nacieron de una forma especial, y no por voluntad de carne, ni voluntad de varón. Estos eran los privilegiados que contaban con un derecho dado como un don que no tenían otros:

"El derecho de ser hechos hijos de Dios". Así, pues, quede bien claro que una persona que es creación de Dios se convierte en hijo de Dios solo cuando él o ella nace a causa de un privilegio u otorgamiento especial del Dios Todopoderoso.

Debiera ser de interés para nosotros saber que este es un derecho y un privilegio que ni siquiera los ángeles tienen. En realidad llegará el momento cuando los creyentes cristianos ya no se sentirán inclinados a saludar a cualquier criatura angelical. Las Escrituras nos dicen que Dios hizo que Cristo Jesús fuera por un tiempo menor que los ángeles a fin de probar la muerte por nosotros. Pero originalmente Cristo no era menor que los ángeles. De hecho, Dios dice de Jesús: "Adórenle todos los ángeles de Dios" (He. 1:6).

La promesa que hemos recibido es esta: "Lo que Jesús es, nosotros también lo seremos". No en el sentido de deidad, por supuesto, pero sí en todos los derechos y privilegios. En nuestra posición seremos iguales y semejantes a Él, porque lo veremos como realmente es. En aquel día, si hay alguna forma de saludo y reverencia que haya que hacer, los ángeles la harán, porque los hijos del Dios Altísimo tienen el gran honor concedido de ser semejantes a Jesús.

¿Por qué no creemos eso en realidad? ¡Apenas lo creemos! Si lo creyéramos, comenzaríamos a actuar en conformidad con ello, como preparación para aquel gran día. No puedo entender por qué no comenzamos a actuar como hijos de Dios si de verdad creemos que tenemos un derecho especial y elevado de ser hijos de Dios. Tenemos derecho a sentirnos mal en nuestro interior cuando vemos a los hijos del cielo comportándose como hijos de la tierra, actuando como hijos del mundo y de la carne, viviendo como Adán y, no obstante, diciendo que creen en el nuevo nacimiento originado por el Espíritu de Dios.

## Cómo tener el privilegio

Ahora bien, ¿cómo recibieron esas personas ese privilegio? Ellas *creyeron,* y *recibieron.* No voy a pasar por alto la parte de *creer* porque nosotros nos hayamos metido en un callejón sin salida en muchos casos. Muchas de las personas que nos rodean se pasan la vida hablando de "creer", y en realidad nunca consiguen mucho. Pero estas personas nacidas de nuevo, nacidas del nacimiento místico, creyeron, y no fueron cínicas, escépticas o pesimistas. Adoptaron una actitud optimista, de humildad y de confianza hacia Cristo Jesús como su Señor y Salvador. Lo recibieron, y "a todos los que le recibieron… les dio potestad".

Notemos que esta palabra *recibir* no es pasiva. Pasiva es cuando yo recibo la acción; es activa cuando yo ejecuto la acción. En nuestro tiempo hemos terminado cayendo en la religión de la pasividad. Todos somos pasivos para con Dios. De modo que nosotros "recibimos" a Cristo; y hacemos de ello algo pasivo.

Pero la Biblia no sabe nada de una recepción pasiva, porque la palabra *recibir* no es pasiva, sino activa. Hemos cambiado la palabra *recibir* por "aceptar". Muchos van por ahí preguntando: "¿Está usted dispuesto a aceptar a Cristo? ¿Lo aceptará?". Eso convierte a Cristo en un vulgar vendedor, porque nos lo presenta como estando a nuestra puerta esperando ver si lo vamos a favorecer o no. Aunque nosotros necesitamos desesperadamente lo que Él nos ofrece, estamos allí decidiendo soberanamente si lo vamos a recibir o no.

Déjeme repetirlo, la recepción pasiva no aparece en la Biblia. No hay ninguna indicación dentro de los confines de las Sagradas Escrituras. Estoy cansado de que me digan que lo tengo que creer por individuos que repiten como loros las opiniones de otros. Usted podría poner a algunos de los ministros sobre una percha y los escucharía repetir lo que oyen, todos con el mismo tono de voz. Si alguien se atreve a contradecir lo que dicen en sus libros, revistas y canciones, miran por encima de sus narices religiosas y declaran que esa persona es radical o está tocada por el modernismo.

Nos han enseñado que la aceptación pasiva es equivalente a la fe cuando no lo es. En el griego, la palabra *recibir* es activa, no pasiva. Puede acudir a cualquiera de las traducciones más actuales y encontrará que transmiten claramente la idea de "tomar". "A todos los que le 'tomaron'… les dio 'el derecho' de ser hechos hijos de Dios".

## Un acto agresivo de toda la personalidad

Es *tomar* en vez de *aceptar*. Ya sea usted un laico o ministro, misionero o estudiante, tome buena nota de esto. Recibir a Cristo como Salvador es un acto de toda la personalidad. Es un acto de la mente, de la voluntad y de los afectos. No es solo un acto de la personalidad total, es un acto *agresivo* de toda la personalidad.

Cuando leemos el texto con este pensamiento en mente, el Espíritu Santo está diciendo de los hijos de Dios: "A todos los que agresivamente lo tomaron con su personalidad total...". No hay ninguna inferencia de que ellos pudieran sentarse y aceptarlo quietamente. Cada parte de su ser se convierte en una mano que se extiende para tomar a Cristo Jesús. Tomaron a Jesús como Salvador y Señor con toda su voluntad, afectos, sentimientos e intelecto. Esa es la razón por la que el griego dice: "Tantos como activamente lo tomaron...".

El cristianismo evangélico respira con dificultad. Sucede que hemos entrado en un período cuando es popular cantar acerca de lágrimas, oraciones y creencia. Podemos encontrar una frase religiosa casi en cualquier parte, incluso en medio de un programa mundano dedicado a la carne y a Satanás. El viejo Mamón, con dos monedas de oro como ojos, se sienta encima de todo, mintiendo acerca de la calidad de los productos, elogiando descaradamente a actores que debieran estar trabajando poniendo ladrillos. En medio de todo ello, alguien entrenado en un estudio para parecer religioso dirá con una voz empalagosa: "¡Ahora, nuestro himno para la semana!", y cantan acompañados por la orquesta, cantan algo que hasta Satanás se sonrojaría de escuchar. A eso lo llaman religión, y admito que lo es. No es cristianismo, no es el Espíritu Santo, no es el Nuevo Testamento y no es redención. Eso es simplemente sacarle provecho a la religión.

Sin embargo, todavía creo que si alguien apareciera que tuviera la habilidad de hacerse oír por miles en vez de por unos pocos cientos, alguien con intelecto y perspicacia, todavía podríamos salvar al cristianismo evangélico del callejón sin salida en el que se encuentra. Les advierto: "No permita ni por un momento que la multitud, el bullicio de la actividad religiosa, la oleada del pensamiento religioso lo lleven a suponer erróneamente que hay una gran cantidad de espiritualidad. No es cierto".

Esa es la razón por la que el significado de la palabra *recibir* es tan importante aquí. "Mas a todos los que le recibieron...", a los que activa y agresivamente lo tomaron. Esto habla de un ejercicio determinado de la voluntad. Significa no negar ninguna de las condiciones que el Señor establece. Eso es algo bastante diferente de lo que estamos escuchando. Ellos no acudieron y trataron de negociar condiciones, sino que fueron al Señor y activamente lo recibieron de acuerdo con sus propios términos.

**Debemos satisfacer las condiciones que Él establece**

Este es el hijo de Dios, el creyente en Cristo dispuesto a cumplir con las condiciones que Cristo establece, incluso renunciar a los familiares y amigos.

"Se está poniendo radical", dirá usted. Quizá sí, pero nunca leyó las palabras de Jesús: "Si alguno viene a mí, y no aborrece a su padre, y madre, y mujer, e hijos, y hermanos, y hermanas, y aun también su propia vida, no puede ser mi discípulo" (Lc. 14:26). Jesús nos está pidiendo que pongamos nuestro amor por Él, nuestro Salvador, por encima del de la esposa, el esposo, los hijos. Si no es así, Él no nos tendrá. Esa es, en resumen, la enseñanza de Jesús acerca de este asunto.

"Eso es cruel, muy cruel", usted objeta. El Dios viviente demanda nuestro amor y nuestra lealtad, ¿y nosotros calificamos de cruel esa demanda? En realidad el infierno es tan pavoroso que Dios está haciendo todo lo que puede para despertarnos y animarnos a la acción. Lot podía haber sido justificado si se hubiera olvidado de su familia tan mundana y hubiera salido solo de Sodoma.

Digámoslo con claridad. Cristo Jesús no nos ofrece la salvación como si fuera una decoración o un ramillete de flores o algún adorno de nuestro atuendo. Él nos dice claramente: "¡Despójate por completo de tus sucios harapos! Déjame que te vista con las prendas finas y limpias de mi justicia, una vestimenta completamente mía. Entonces, si eso significa la pérdida de dinero, ¡piérdelo! Si implica la pérdida de un empleo, ¡piérdelo! Si significa persecución, ¡súfrela! Si implica que vienen sobre ti los vientos de la oposición, inclina la cabeza hacia el viento y enfréntalo. Hazlo por amor de mí".

Recibir a Cristo Jesús como Señor no es algo blando y pasivo, como una especie de religión predigerida. ¡Es carne sólida! Es una comida tan sólida que Dios nos está llamando en esta hora a que nos rindamos por completo a Él. Algunos quieren aferrarse todavía a sus placeres pecaminosos. Somos hoy culpables en nuestras iglesias, en este tiempo de muerte y degeneración, de hacer que todo sea lo más fácil que se pueda para las personas vacilantes.

"Solo crea en Jesús y acéptelo, y luego puede ser como era antes. Puede comportarse como lo hacía antes, siempre y cuando no se emborrache ni corra detrás de las mujeres. Todo lo demás está bien. ¡Amén!" Esta es la clase de cristianismo marginal que se pasan unos a otros en muchos círculos. Como resultado, tenemos una religión que no es mejor que el paganismo. Pienso que yo preferiría ser un seguidor de Zoroastro e inclinarme dos veces al día ante la salida y puesta del sol antes que ser un cristiano a medio cocer que insiste en "creer" para ser salvo, y luego hace lo que quiere, violando el señorío de Cristo nuestro Salvador sobre su vida.

**Lo popular es erróneo**

Puede que sea una idea popular en nuestro tiempo el dar a las personas algo que les haga felices y decirles que pueden tener vida eterna y nunca perderla solo por "aceptar a Jesús", después de lo cual pueden funcionar como les plazca. Usted puede organizar grandes conferencias basándose en ello, e incluso seminarios bíblicos y grandes grupos de cristianos ocupados. Pero eso es un error. La Biblia dice que a los que le *recibieron,* le tomaron agresivamente con toda su personalidad, les dio el derecho de ser hechos hijos de Dios.

Shakespeare le hace decir a Hamlet: "Dinamarca, toda Dinamarca está contraída en su ser". Me gustaría cambiarlo y decir: "Todo lo de la personalidad necesita ser contraído en una gran y agresiva aprehensión de Jesús que diga: 'Aquí estoy, Señor. Tú eres mío, aun si me cuesta mi sangre y muerte. Eres mío, incluso si me cuesta la pérdida de los amigos. Eres mío, aun si me cuesta la pérdida del empleo, de la categoría o posición'".

Pienso en el fallecido Louis Henry Ziemer, de Toledo, que fue durante muchos años pastor de la numerosa congregación que se reunía en el Tabernáculo del Evangelio en

Toledo. Antes de su conversión fue el ministro de una iglesia denominacional. Hablaba con frecuencia de que había leído un ejemplar de la revista *Alliance Life* por primera vez y cómo se enfrentó con la posibilidad de que pudiera ser salvo, y saberlo. Sencillamente, entregó su corazón a Cristo y fue convertido.

Entonces comenzó a predicar a los creyentes acerca de la maravilla del nuevo nacimiento y se produjo un avivamiento. Los líderes denominacionales lo llamaron para que explicara lo que estaba sucediendo. Él acudió y les leyó de los escritos de Martín Lutero y lo que había enseñado acerca de la fe y la justificación. Lo declararon libre de herejía, pero le pidieron que dimitiera.

"¡Aquello fue una promoción!", declaró después Ziemer. Aceptó el púlpito de una iglesia pequeña de la Alianza Cristiana y Misionera (en aquel tiempo las iglesias de la Alianza se reunían a menudo en un establo de caballos o en el establecimiento de una barbería), pero su predicación pronto creó el gran Tabernáculo del Evangelio en Toledo que ha enviado docenas de misioneros por todo el mundo, incluso tres de sus propios hijos e hijas. Este hombre supo lo que significaba recibir a Cristo Jesús y vivir por Él de una forma agresiva con toda su personalidad en el púlpito, en el hogar y en la calle. Todo lo hizo por amor de Cristo.

## Es tiempo de ser maduros

¿Por qué quieren los creyentes cristianos que todo esté precocido, predigerido, partido y dispuesto, y esperan que Dios venga y les ponga el aliento en sus labios de bebés mientras ellos aporrean la mesa y lo salpican todo. ¡Y pensamos que eso es cristianismo! No lo es. Esa generación de ilegítimos y degenerados creyentes no tienen ningún derecho a llamarse cristianos.

Los que insisten en que el Señor les sigue la corriente, dejándolos continuar como son y están, y que al final todavía les dirá: "Bien, buen siervo y fiel", se están engañando a sí mismos. Necesitan que alguien se lo diga clara y seriamente.

CAPÍTULO

2

# La revelación no es suficiente

En uno de sus enfrentamientos con los líderes judíos, Jesús no da la razón para examinar a los que en su día consideraban la verdad como simplemente intelectual. Ellos suponían que era factible reducir la verdad a un código, tal como nosotros aceptamos que dos y dos son cuatro. Aquí encontramos el escenario, la pregunta y la respuesta de Jesús:

> Mas a la mitad de la fiesta subió Jesús al templo, y enseñaba. Y se maravillaban los judíos, diciendo: ¿Cómo sabe éste letras, sin haber estudiado?
>
> Jesús les respondió y dijo: Mi doctrina no es mía, sino de aquel que me envió. El que quiera hacer la voluntad de Dios, conocerá si la doctrina es de Dios, o si yo hablo por mi propia cuenta (Jn. 7:14-17).

Esta actitud hacia la verdad de parte de las personas en el tiempo de Cristo nos lleva a considerar a los que en nuestro propio tiempo se aferran a un concepto intelectual de la verdad de Dios. No me refiero a los liberales teológicos que niegan la persona y la posición de Cristo Jesús como Hijo de Dios. Me refiero más bien a aquellos a los que debo llamar racionalistas evangélicos. La razón de mi preocupación es mi conclusión de que los racionalistas evangélicos destruirán la verdad tan rápidamente como lo hacen los liberales.

Primero, mire conmigo a estos líderes judíos del tiempo de Jesús. Se maravillaron de Él y se dijeron unos a otros: "¿Cómo sabe éste letras, sin haber estudiado?". Su preocupación era que Jesús nunca había estudiado en las escuelas aceptadas de educación superior. La mayoría de las escuelas en aquellos días consistían de pequeños grupos en los que enseñaban rabíes individuales más bien que la diversidad de clases que tenemos en las universidades o seminarios de hoy. Evidentemente nuestro Señor nunca había asistido a aquella clase de escuelas rabínicas. De modo que preguntaban: "¿De dónde consigue este hombre esta enseñanza tan excelente, en vista de que nunca ha estado en las escuelas de los rabíes?".

Esta pregunta nos dice por sí misma mucho acerca de los judíos de aquel tiempo. Nos dice que ellos consideraban la verdad (y puede escribirlo con mayúscula, si lo desea) como algo simplemente intelectual, factible de ser reducida a un código. Para conocer la verdad, solo era necesario conocer el código. La mayoría no contaba con libros propios en aquel entonces; memorizaban los códigos en la escuela, y ese era su concepto de la verdad. Lo sabemos no solo por esta respuesta de Jesús a su pregunta, sino por todo el Evangelio de Juan.

**La verdad es más que palabras**

Consideraban la verdad como algo intelectual. Como nosotros consideramos la verdad de que dos y dos son cuatro, eso es una verdad intelectual, una prueba para la mente. Todo lo que tenemos que hacer es aprendernos la tabla de multiplicar hasta llegar a dos por dos, y ya lo tenemos. Ellos habían reducido la verdad divina a la misma condición. Para ellos no había nada misteriosamente profundo en la verdad, nada por debajo y nada más allá. Dos por dos son cuatro. En eso era en lo que exactamente divergían de nuestro Salvador, porque el Señor Jesús a menudo enseñó el "más allá" y el "por debajo". Pero ellos nunca pudieron percibir la profundidad de su enseñanza, solo veían que dos y dos son cuatro.

Lo que debemos recordar es esto: "Era evidente que aquellos líderes religiosos creían que las *palabras* de la verdad eran la verdad". Este es todavía un malentendido básico en la teología cristiana. Hacer este análisis en nuestro propio tiempo no es solo una cuestión de fijarse en minucias. ¡Claro que no! Si fueran minucias no me preocuparía. De lo que estamos hablando tiene consecuencias morales y espirituales. Ellos creían que la *palabra* de la verdad era la verdad, de manera que si uno tenía las palabras, tenía la verdad. Si la persona podía repetir el código, tenía la verdad. Si vivía por la palabra de la verdad, estaba viviendo en la verdad.

Repito que en esto es donde exactamente divergían de nuestro Señor Jesucristo. El Salvador trató de corregir su perspectiva inadecuada. Les mostró la cualidad celestial de su mensaje. Les mostró que Él era solo un medio transparente por medio del que Dios hablaba. Les decía en realidad: "Mi doctrina no es mía, yo no soy un rabí que solo enseña doctrina que pueden memorizar y repetir. Lo que yo les estoy dando no es en absoluto esa clase de doctrina".

## Una nueva línea de batalla

Jesús les había dicho previamente: "No digo nada por mí mismo. Lo que le he visto hacer al Padre, eso hago, y lo que el Padre habla, eso hablo. Lo que he visto en el allá, de eso os hablo. Soy un medio transparente mediante el cual es hablada la verdad. Vosotros creéis que el camino a la verdad es acudir a un rabí y aprenderla, pero eso no es la verdad, ese acercamiento a la verdad es inadecuado".

En esto consiste la debilidad del cristianismo moderno, y me pregunto por qué hay tanto silencio acerca de ello. La guerra, el campo de batalla, no está necesariamente entre fundamentalistas y liberales. Hay, por supuesto, una diferencia entre ellos. El fundamentalista dice: "Dios creó el cielo y la tierra". El liberal dice: "Bien, esa es una forma poética de expresarlo, pero en realidad, sucedió mediante la evolución". El fundamentalista dice: "Cristo Jesús es el Hijo Unigénito de Dios". El liberal contesta: "Bien, Él sin duda fue un hombre extraordinario y Él es el Maestro, pero no sé lo suficiente acerca de su deidad". Así, pues, *hay* una división; pero en realidad el campo de batalla no está hoy en esas cuestiones.

Hace algunos años fui a Gettysburg con unos amigos, y reconsideramos de nuevo aquella famosa batalla de la Guerra Civil. Leímos las placas informativas. Contemplamos monumentos. Pero ahora ya no hay batallas allí. No escuché el tronar de los cañones, ni golpes de sables. No vi soldados muertos. Solo vi el sitio donde la batalla tuvo lugar.

En nuestro tiempo, todavía hay unos pocos ministros dirigiendo sus sangrientas palabras sobre la cabeza de cada uno de ellos, pero la sangre está seca, porque no hay en verdad sangre fresca entre el liberalismo y el fundamentalismo. Eso ha sido solucionado; los que son liberales son liberales, y los que son fundamentalistas saben lo que creen y dónde están doctrinalmente. Ya no hay batalla allí. Se ha trasladado a otro campo más importante.

La guerra, la línea divisoria en el presente, se libra entre los evangélicos racionalistas y los evangélicos místicos. Explicaré lo que quiero decir.

Existe hoy un racionalismo evangélico que no es diferente del racionalismo enseñado por los escribas y fariseos. Dicen que la verdad está en la palabra, y si usted quiere conocer la verdad, vaya al rabí y aprenda la palabra. Si se hace con la palabra, tendrá la verdad. Eso es racionalismo evangélico, y lo encontramos hoy en círculos fundamentalistas (como mi abuela solía decir) tan grande como una oveja. (No sé exactamente por qué usaba ella esa expresión). Lo tenemos entre nosotros. Es una doctrina de que "si usted aprende el texto tiene la verdad".

**Un racionalismo mortal**

Este racionalismo evangélico matará la verdad tan rápidamente como lo hace el liberalismo, aunque de una forma más sutil. El liberal se levanta y dice con franqueza: "No creo en tu Biblia inspirada. No creo en tu Cristo deificado. Creo en la Biblia en cierta manera; creo que es el registro de los momentos supremos de grandes hombres, y creo en cierta comunión mística con el universo, lo cual es todo bien maravilloso, pero no creo en la manera en la que tú lo haces". Podemos identificar fácilmente a ese hombre. Enfoque sus lentes en él y lo verá allí parado. Podemos ver claramente que está en el otro lado, porque lleva el uniforme del otro lado.

Pero el racionalista evangélico de hoy todavía lleva nuestro uniforme. Viene vestido con nuestro uniforme y dice lo mismo que los fariseos decían cuando Cristo estaba en la tierra (y ellos fueron sus peores enemigos): "¡Bien, la verdad es la verdad, y si usted cree en la verdad, la tiene!".

En el tiempo de Cristo o en nuestro día, esas personas no ven más allá, ni ven la profundidad mística, ni las misteriosas alturas, nada sobrenatural o divino. Lo único que ven es Creo en Dios el Padre-Todopoderoso-Creador del cielo y de la tierra-y en Jesucristo-su único Hijo-nuestro Señor. Tienen el texto y el código y el credo, y para ellos eso es la verdad. Y así la pasan a otros. El resultado es que estamos muriendo espiritualmente.

Ahora bien, ¿qué hay acerca del místico evangélico? En

realidad no me agrada la palabra *místico* porque lleva a pensar en un individuo con cabello largo y con una barbita de chivo que parece soñador y extraño. Puede que no sea la mejor palabra, pero estoy hablando acerca del lado espiritual de las cosas: "Que la verdad es más que el texto". Hay algo que la persona debe alcanzar más allá del texto. La verdad es más que el código. Hay un corazón que late en medio del código y el creyente debe llegar hasta él.

La pregunta importante es sencillamente esta: ¿Es suficiente con el cuerpo de verdad cristiana, o la verdad tiene alma como también cuerpo? El racionalista evangélico dice que todo ese hablar sobre el alma de la verdad es tontería poética. El cuerpo de la verdad es todo lo que se necesita. Si usted cree el cuerpo de la verdad, está en el camino al cielo y no se puede perder. Todo al final saldrá bien y recibirá una corona en el día último.

Podemos plantearlo de esta manera: ¿Es la revelación suficiente, o debe haber iluminación? ¿Es la Biblia un libro inspirado? Por supuesto, usted y yo creemos que es una revelación, que Dios habló todas esas palabras y que los hombres santos de Dios hablaron inspirados por el Espíritu Santo.

Creo que la Biblia es un libro vivo, que Dios nos lo ha dado y que no debemos atrevernos a añadirle o quitarle nada. Es revelación divina.

## ¡La revelación no es suficiente!

¡Pero *la revelación no es suficiente!* Debe haber iluminación antes de que la verdad pueda penetrar en el alma de una persona. No es suficiente con sostener un libro inspirado en mi mano. Necesito tener un corazón inspirado. Esa es la diferencia, a pesar de que los racionalistas evangélicos insisten en que la revelación es suficiente.

Estas cosas están sucediendo ahora mismo aquí en los Estados Unidos de América. Un ministro que vino a verme me habló de su experiencia con un cierto grupo de la iglesia. Ellos creían que la verdad es suficiente; el código es suficiente. Los que acudían al frente y decían: "Creo en Cristo", eran admitidos en la iglesia y no se les hacía ninguna pregunta. Son parte de la iglesia.

Me encontré con un hermano que había tenido una

emotiva experiencia espiritual, con torrentes de gloria descendiendo y las alas del amor batiéndose en su alma, como sucedió con muchos cristianos en el tiempo del evangelista Charles Finney. Me dijo que los líderes denominacionales le habían "invitado" a que se marchara, fue atacado por hombres cuya única acusación en su contra era su creencia en el elemento divino y milagroso de la gracia. Él creía no solo en la revelación de la gracia de Dios en la Biblia, sino que creía que el nuevo nacimiento era un acto milagroso de Dios dentro del alma.

¿Quiénes lo atacaron y lo acusaron de herejía? Los fundamentalistas. Lo hicieron los evangélicos, los racionalistas evangélicos que dicen: "Si usted cree, todo estará bien".

Eso mismo es lo que hicieron con Jesús en su tiempo, cuando ellos dijeron: "¿Qué acerca de este hombre? Nunca se sentó a los pies de los rabíes y memorizó el texto. ¡Él no tiene la verdad!".

Usted puede memorizar todos los textos de la Biblia, y yo creo en la memorización, pero cuando ha terminado, usted no tiene otra cosa que el cuerpo. Está el *alma* de la verdad como también el cuerpo. Hay una divina iluminación interna que el Espíritu Santo debe darnos o, de lo contrario, no sabemos lo que significa la verdad.

En eso consiste la diferencia. Debemos insistir en que la conversión es un acto milagroso de parte de Dios mediante el Espíritu Santo. Debe ser forjado en nuestro espíritu. El cuerpo de verdad, el texto inspirado, no es suficiente; tiene que haber una iluminación interna.

## La revelación no puede salvar

En su tiempo, el conflicto de Cristo estuvo con los racionalistas teológicos. Se ve claramente en el Sermón del Monte y en todo el Evangelio de Juan. Así como en Colosenses se argumenta en contra del maniqueísmo y en Gálatas se razona en contra del legalismo judío, de igual forma el Evangelio de Juan es un largo, inspirado y apasionado libro que trata de salvarnos del racionalismo evangélico: la doctrina que dice que el texto es suficiente. El textualismo es tan mortífero como el liberalismo.

La revelación, repito, no puede salvar. La revelación es el

terreno firme donde nos paramos. La revelación nos dice lo que hay que creer. La Biblia es el libro de Dios y lo afirmo con todo mi corazón. Pero antes de que pueda ser salvo, debe haber iluminación, penitencia, renovación, liberación interna.

No tengo duda de que tratamos de facilitar la entrada de muchas personas en el reino donde nunca van a entrar en absoluto. Esas personas son empujadas a creer en el texto, y lo hacen, pero nunca han sido iluminadas por el Espíritu Santo. Nunca han sido renovadas en su ser. Nunca entraron para nada en el reino.

Ahora bien, hay un secreto en la verdad divina que pasa completamente desapercibido al alma no preparada. Esta es la situación en este tiempo terrible en el que vivimos. El cristianismo no es algo que solo está para que extendamos la mano y lo agarremos, como algunos enseñan. Tiene que haber una preparación de la mente, una preparación de la vida y del ser interior antes de que podamos creer salvíficamente en Cristo Jesús.

Usted puede preguntar: "¿Es posible oír la verdad y no entender la verdad?" Escuche a Isaías:

> "Oíd bien, y no entendáis; ved por cierto, más no comprendáis" (Is. 6:9).

Sí, es posible ver y, no obstante, no percibir. Pablo dice: "Y ni mi palabra ni mi predicación fue con palabras persuasivas de humana sabiduría, sino con demostración del Espíritu y de poder, para que vuestra fe no esté fundada en la sabiduría de los hombres, sino en el poder de Dios" (1 Co. 2:4, 5).

Por su parte, los racionalistas teológicos lo entienden de esta manera: Él está diciendo que su fe no debe estar fundada en la sabiduría humana, sino en la Palabra de Dios. Pero eso no es lo que Pablo dice. Lo que está diciendo es que su fe está basada en el poder de Dios. Eso es algo muy diferente.

Leamos lo que dice en ese mismo capítulo:

> Antes bien, como está escrito:
> Cosas que ojo no vio, ni oído oyó,
> ni han subido en corazón de hombre,
> son las que Dios ha preparado para los que le aman.

> Pero Dios nos las reveló a nosotros por el Espíritu; porque el Espíritu todo lo escudriña, aun lo profundo de Dios. Porque ¿quién de los hombres sabe las cosas del hombre, sino el espíritu del hombre que está en él? Así tampoco nadie conoció las cosas de Dios, sino el Espíritu de Dios. Y nosotros no hemos recibido el espíritu del mundo, sino el Espíritu que proviene de Dios, para que sepamos lo que Dios nos ha concedido, lo cual también hablamos, no con palabras enseñadas por sabiduría humana, sino con las que enseña el Espíritu, acomodando lo espiritual a lo espiritual. Pero el hombre natural no percibe las cosas que son del Espíritu de Dios, porque para él son locura, y no las puede entender, porque se han de discernir espiritualmente (2:9-14).

Pablo, el hombre de Dios, está diciendo: "Vine para predicar y prediqué con un poder que os iluminaría y penetraría hasta la conciencia y el espíritu con el fin de cambiar el ser interior de la persona para que vuestra fe pudiera estar basada en el poder de Dios".

Su fe puede estar fundada en el texto y, no obstante, usted puede estar completamente muerto, pero cuando el poder de Dios se mueve en el texto y pone fuego en el sacrificio, entonces usted tiene cristianismo. A eso tratamos de llamarlo avivamiento, pero no lo es. Es sencillamente cristianismo del Nuevo Testamento. Es lo que debiera haber sido desde el principio, pero no lo fue.

Leamos ahora en Mateo 11:25-27: "En aquel tiempo, respondiendo Jesús, dijo: Te alabo, Padre, Señor del cielo y de la tierra, porque escondiste estas cosas de los sabios y de los entendidos, y las revelaste a los niños. Sí, Padre, porque así te agradó.

"Todas las cosas me fueron entregadas por mi Padre; y nadie conoce al Hijo, sino el Padre, ni al Padre conoce alguno, sino el Hijo, y aquel a quien el Hijo lo quiera revelar".

Aquí tenemos la doctrina claramente enseñada. No solo hay un cuerpo de verdad al que renunciamos para peligro nuestro, sino que también hay un alma en ese cuerpo a la que tenemos que llegar. Si no llegamos al alma de la verdad, solo tenemos en nuestras manos un cuerpo muerto.

**El Espíritu da vida**

Una iglesia puede seguir adelante aferrándose al credo y a la verdad por generaciones y envejecer. Nuevas personas pueden seguir y recibir el mismo código y también envejecer. Entonces aparecen por allí algunos predicadores renovadores de la fe y consiguen motivar a los miembros, la oración causa la intervención divina y tiene lugar el avivamiento en aquella iglesia. Personas que pensaban que eran salvas son ahora salvadas. Los que solo creían en un código ahora creen en Cristo. ¿Qué es lo que en realidad ha sucedido? Pues que el cristianismo del Nuevo Testamento ha aparecido allí. No es una edición de lujo del cristianismo; es lo que se espera que fuera el cristianismo desde el principio entre aquellos creyentes.

Un hombre puede pertenecer a una iglesia y creer en los textos de la Biblia, e incluso memorizarlos, citarlos y enseñarlos, y quizá llegar un día a ser diácono y líder destacado de la congregación. Entonces, un día, bajo la predicación inspiradora de un predicador visitante o del propio pastor, él, de repente, se siente tocado y en profunda necesidad de Dios y, olvidándose de toda su pasada historia religiosa, se hinca de rodillas ante Dios. Como David, comienza a abrir su alma y confesarse ante Dios. Luego se pone en pie y testifica: "He sido un diácono de esta iglesia durante 26 años y nunca había nacido de nuevo hasta esta noche".

¿Qué ocurrió? Aquel hombre había vivido confiando en el cuerpo muerto de la verdad hasta que un predicador inspirado lo llevó a la experiencia de conocer que la verdad tiene alma. O quizá Dios le enseñó en secreto que la verdad tiene alma como también cuerpo, y él se atrevió a seguir adelante buscándola mediante arrepentimiento y obediencia hasta que Dios honró su fe y lo iluminó. Entonces, como un relámpago del cielo, se sintió tocado en su espíritu y todos los textos que había memorizado cobraron vida.

Gracias a Dios porque había memorizado los textos, y toda la verdad que conocía ahora de repente florece en la luz. Esa es la razón por la que creo que debemos memorizar las Escrituras. Por eso debemos conocer la Palabra y llenar nuestra mente con los grandes himnos y cantos de la iglesia. Significarán poco para nosotros hasta que el Espíritu Santo nos ilumine, pero cuando Él viene tendrá gasolina que podrá usar. Fuego sin gasolina no arde, pero gasolina sin fuego está muerta. El Espíritu Santo no vendrá sobre una iglesia en la que no hay un cuerpo de verdad bíblica. El Espíritu Santo no viene a donde hay un vacío, sino donde ya está la Palabra de Dios, donde hay gasolina, y entonces el fuego desciende sobre el altar y quema el sacrificio.

**El arrepentimiento aporta la preparación necesaria**

Jesús dijo que los que estaban dispuestos a hacer la voluntad de Dios *conocerán;* conocerán su *enseñaza;* sabrán si su enseñanza viene de Dios o si Él está hablando por sí mismo. Es decir, ese cuerpo de enseñanza captado por el intelecto promedio normal. Una persona puede captar la verdad, pero solo el alma iluminada conocerá la verdad y solo el corazón preparado podrá ser iluminado. ¿En qué consiste exactamente la preparación que se necesita?

Jesús dijo que todo aquel que estuviera dispuesto a hacer la voluntad de Dios, en él se encenderá la luz. Dios iluminará su alma. Nosotros queremos hacer de Jesús una conveniencia. Hacemos de Él un bote salvavidas para llegar hasta la costa, una luz para que nos guíe cuando andamos perdidos. Lo reducimos a ser un "gran amigo" para que nos ayude cuando estamos metidos en dificultades. Ese no es el cristianismo bíblico. Cristo Jesús es Señor, y cuando estamos dispuestos a hacer la voluntad de Dios, entonces viene el arrepentimiento y la luz se enciende en nosotros. Por primera vez en nuestra vida nos vemos dispuestos a decir: "¡Cumpliré con la voluntad del Señor, aunque me cueste la vida!".

La iluminación comenzará en el corazón. Eso habla de arrepentimiento, pues es cuando nosotros, que habíamos vivido haciendo nuestra voluntad, decidimos someternos a la voluntad de Dios.

No podemos conocer al Hijo excepto cuando el Padre nos lleva a Él. No podemos conocer al Padre excepto cuando el Hijo nos lo revela. Yo puedo conocer acerca de Dios; ese es el cuerpo de la verdad. Pero no puedo conocer a Dios, el alma de la verdad, a menos que yo esté listo para ser obediente. El verdadero discipulado consiste en la obediencia a Cristo Jesús, aprender de Él, seguirlo y hacer lo que Él nos dice que hagamos. Es obedecer sus mandamientos y llevar a cabo su voluntad. Esa clase de persona es un cristiano, y no se es de ninguna otra manera.

Cuando usted se pone a averiguar la condición de una iglesia, no solo pregunte si es evangélica. Pregunte si es una iglesia racionalista evangélica que dice: "El texto es suficiente" o bien es una iglesia que cree que el texto más la presencia del Espíritu Santo es lo que es suficiente.

Antes de que la Palabra de Dios pueda significar algo de verdad dentro de mí, debe haber obediencia a la Palabra. La verdad no se entregará a sí misma a un rebelde. La verdad no impartirá vida a un hombre que no está dispuesto a obedecer a la luz. "Pero si andamos en luz, como él está en luz, tenemos comunión unos con otros, y la sangre de Jesucristo su Hijo nos limpia de todo pecado" (1 Jn. 1:7). La persona que vive en desobediencia a Cristo Jesús no puede esperar ser iluminada.

**La iluminación es un hecho**

Sí, *hay* iluminación. Sé lo que Carlos Wesley quiso decir cuando escribió: "El Espíritu responde a la sangre, y me dice que soy nacido de Dios". Nadie tiene que venir y decirme lo que eso significa. "Los que están dispuestos a hacer mi voluntad", nos dice de hecho Jesús, "tendrán una revelación en su propio corazón. Tendrán una iluminación interior que les dice que son hijos de Dios".

Si un pecador acude al altar y allí un obrero con un Nuevo Testamento marcado le convence de que ya ha entrado en el reino, Satanás se encontrará con él dos manzanas más abajo del templo y le convencerá de que eso no es así. Pero si él tiene una iluminación interior, que da testimonio dentro de él, porque el Espíritu responde a la sangre, nadie podrá convencerlo de lo contrario. Se mostrará tenazmente convencido, sin importar toda la argumentación que usted quiera hacerle. Dirá: "¡Pero yo *sé*!"

Un hombre así no es un fanático o un arrogante; simplemente está seguro. Es como aquel hombre cristiano y feliz que trabajaba en una fábrica, y un conocido lo invitó a asistir a una reunión en la que alguien había anunciado que demostraría que los cristianos estaban equivocados. Así que fue a la reunión. El conferenciante habló de una forma elocuente y sostuvo su razonamiento con toda clase de argumentos. A la salida, el amigo que lo había invitado, le preguntó:

—Bueno, ¿qué piensas?

—Pues que he escuchado esta conferencia con 25 años de retraso —contestó el cristiano—. Hace 25 años que Dios hizo en mí lo que ese hombre dijo que no puede ser hecho.

Eso es cristianismo normal. Esa es la manera en la que debiéramos ser. Todo aquel que elige hacer la voluntad de Dios, lo encontrará. Lo sabrá por experiencia personal.

No obstante, algunas personas continúan resistiéndose a Dios, rehusando seguir a Cristo, siempre obsesionadas con alguna cosa que Él les dijo que hicieran, pero que ellas no van a hacer.

Usted dice que va a tomar un curso acerca de la Biblia. Usted puede estudiar la Biblia y aprender todo acerca de síntesis y análisis y todo lo demás; pero si sigue resistiendo a Dios eso le servirá tanto como leer otro libro. Todos los cursos de estudio bíblico del mundo no le van a iluminar por dentro. Puede llenar su cabeza con conocimientos, pero el día que usted decida que va a obedecer a Dios, ese conocimiento se le filtrará en el corazón. Entonces usted *conocerá.* Solo los siervos de la verdad llegará a conocer la verdad. Solo los que obedecen puede llegar a experimentar el cambio interior.

## El conocimiento no es suficiente

Usted puede permanecer en el exterior, contar con toda la información y conocer todo lo concerniente a ello y, no obstante, no ser todavía un discípulo auténtico que verdaderamente conoce a Cristo. Leí una vez un libro acerca de la vida espiritual interna escrito por un hombre que no era cristiano. Tenía una mente muy aguda y analítica. Había examinado a las personas espirituales desde afuera, pero nunca nada le había llegado a él. Eso puede suceder.

No es posible negar esto. Usted puede leer su Biblia, la versión que más le guste, y si es sincero, tendrá que admitir que o bien es obediente o está interiormente ciego. Puede repetir palabra por palabra Romanos y todavía seguir ciego en su interior. Puede repetir todos los salmos y sufrir de la misma ceguera interior. Puede conocer la doctrina de la justificación y adoptar la posición firme de Lutero en la Reforma del siglo XVI y estar ciego interiormente. No es el cuerpo de la verdad lo que nos ilumina, sino el Espíritu de verdad.

Si usted está dispuesto a obedecer al Señor Jesucristo, Él iluminará su espíritu, lo iluminará por dentro. La verdad que ha conocido intelectualmente la conocerá espiritualmente. El poder comenzará a inundarlo y a fluir al exterior, y se verá a sí mismo cambiado, maravillosamente cambiado. Recompensa mucho creer en un cristianismo que de verdad cambia a las personas.

Prefiero formar parte de un grupo pequeño que tiene conocimiento interior, que ser parte de otro grupo muy numeroso que solo cuenta con conocimiento intelectual. En el gran día de la venida de Cristo, lo que más importará es si ha sido iluminado en su interior, regenerado, purificado en su corazón.

La gran pregunta es: *¿Conocemos de verdad a Cristo de esa manera?*

CAPÍTULO

3

# Fe en el carácter de Dios

En nuestros círculos evangélicos, la fe es un tema que nos gusta tratar y abundar. No hay ninguna promesa de Dios de respuesta a la oración que sea citada más a menudo que la que vamos a examinar en este capítulo. Jesús está hablando a sus discípulos, y les dice:

> Y todo lo que pidiereis al Padre en mi nombre, lo haré, para que el Padre sea glorificado en el Hijo. Si algo pidiereis en mi nombre, yo lo haré (Jn. 14:13-14).

Algunos andan preocupados porque no suceden más señales y milagros en nuestro medio a través de la fe. En nuestro tiempo, todo se comercializa. Y tengo que decir que no creo en milagros comercializados.

"Milagros, Sociedad Anónima", ¡lo puede conseguir!

"Sanidades, Sociedad Anónima", ¡también lo puede tener! Y lo mismo sucede con "Evangelismo, Sociedad Anónima" y "Sin visión el pueblo perece, Sociedad Anónima". Tengo mis dudas acerca de señales y milagros que tienen que ser organizados, que exigen tener papel de cartas con membrete y un presidente, y muchas luces y cámaras. ¡No creo que Dios funcione de esa manera!

Pero la persona de fe que va sola al desierto y se hinca de rodillas y clama al cielo, allí sí creo que está Dios. El predicador que se atreve a estar firme y su predicación le cuesta a él algo, Dios sí está allí. El cristiano que está dispuesto a entrar en una situación en la que debe conseguir una respuesta de Dios y solo de Él, ¡el Señor está allí.

A estas alturas usted ya se habrá dado cuenta de que tengo una filosofía de fe. Para comenzar, no puedo recomendar que nadie tenga fe en la fe. Tenemos una buena cantidad de esas ideas por ahí. Hay predicadores que se dedican completa y apasionadamente a predicar fe. Como resultado, las personas tienen fe en la fe. Olvidan por completo que nuestra confianza no debe estar en el poder de la fe, sino en la persona y en la obra del Salvador, Cristo Jesús. De modo que tengo que confesar que no puedo predicar de esa forma. Nunca lo he hecho, ni nunca lo haré. Conozco una manera mejor.

En su primera epístola, el apóstol Juan escribe con inspiración divina: "Y esta es la confianza que tenemos en él, que si pedimos alguna cosa conforme a su voluntad, él nos oye. Y si sabemos que él nos oye en cualquiera cosa que pidamos, sabemos que tenemos las peticiones que le hayamos hecho" (5:14-15).

**Dios es el fundamento de nuestra fe**

Nuestra confianza la tenemos puesta por completo en Cristo Jesús. Él es el origen y la fuente de todo lo relacionado con nuestra fe. En ese reino de la fe, tratamos con Él, con el Dios Todopoderoso, con aquel cuya naturaleza esencial es la santidad y no puede mentir. Nuestra confianza aumenta a medida que la grandeza del carácter de Dios se hace más evidente a nuestra compresión espiritual. Aquel con el que nos relacionamos es el mismo que es la perfecta encarnación de la fidelidad y la verdad.

Así, pues, esta es la confianza que tenemos en Él. La fe se remonta en sus alas celestiales, hacia las cumbres luminosas, y dice con satisfacción: "¡Si Dios lo dice, sé que eso es así!". Como podemos ver, es el carácter de Dios el que nos da esa confianza.

Debo advertir de nuevo acerca de la grandes diferencias que vemos hoy entre los racionalistas evangélicos y los místicos evangélicos, que fue el tema de nuestras reflexiones en el capítulo anterior. Decía allí que hay una gran diferencia entre tener confianza en Dios en base a su carácter y tratar de probar las cosas de Dios mediante la razón humana. Tenemos racionalistas evangélicos hoy que insisten en reducirlo todo a lo que puede ser explicado y probado. Como consecuencia, nuestra fe está siendo racionalizada, y de esa manera rebajamos al Dios Todopoderoso al nivel inferior de la razón humana.

No estoy diciendo que la razón humana y la fe en Dios sean contrarias la una a la otra, pero sí insisto en que una está por encima de la otra. Cuando somos verdaderos creyentes en la verdad de Dios, entramos en otro mundo, una esfera que está infinitamente por encima de la razón.

> Porque mis pensamientos no son vuestros pensamientos, ni vuestros caminos mis caminos, dijo Jehová. Como son más altas los cielos que la tierra, así son mis caminos más altos que vuestros caminos, y mis pensamientos más que vuestros pensamientos (Is. 55:8-9).

La fe nunca va por un camino opuesto al de la razón; lo que hace la fe es ignorar a la razón y elevarse por encima de ella.

Al tratar con estos asuntos en el texto, debemos primero volver a la clara declaración de nuestro Señor: "Y todo lo que pidiereis al Padre en mi nombre, lo haré". Muchas de las oraciones que escuchamos a nuestro alrededor no llegan a ninguna parte. Ningún bien nos va a venir por seguir ocultándolo o negándolo. La verdad es que hay suficiente oración que se hace en un domingo determinado que sería suficiente para salvar a todo el mundo, pero el mundo sigue sin estar salvo. Lo único que nos viene de regreso por todas estas oraciones, es el eco de nuestras propias voces. Sostengo que esta clase de oración, tan frecuente entre nosotros, tiene un efecto muy perjudicial sobre la iglesia de Cristo.

## Peligros en las oraciones no contestadas

Si la oración no contestada continúa en una congregación durante un cierto tiempo, el escalofrío del desánimo se filtrará en el ánimo de todos los que oran. Si continuamos pidiendo, pidiendo y pidiendo, como niños petulantes, sin esperar nunca recibir lo que pedimos, pero seguimos insistiendo en ello, nos vamos a enfriar mucho dentro de nuestro ser.

Si persistimos en nuestras oraciones y nunca recibimos respuestas, la falta de resultados va a tender a confirmar la incredulidad natural de nuestro corazón. Recuerden esto: "El corazón humano está lleno por naturaleza de incredulidad". Incredulidad, no desobediencia, fue el primer pecado. Si bien fue la desobediencia el primer pecado que quedó registrado, detrás del acto de desobediencia estaba el pecado de incredulidad, de no haber sido así la desobediencia no habría tenido lugar.

El hecho de las oraciones no contestadas va a estimular también la idea de que la religión no es real, y esta idea la sostienen muchas personas en nuestro tiempo. "La religión es algo completamente subjetivo", dicen ellas. "No hay nada real acerca de ella".

Es cierto que puede que no haya nada tangible a lo que pueda referirse la religión. Si yo uso la palabra *lago,* todos piensan en una gran extensión de agua. Cuando uso la palabra estrella, todos piensan en un cuerpo celeste. Pero cuando uso la palabra *fe* y *creer* y *Dios* y *cielo,* no hay una imagen de realidad tangible conocida por las personas a la que la mente de cada una de ellas pueda referirse inmediatamente. Para muchas personas esas son solo palabras, como *punto* y *duende.* De manera que hay una falsa idea de irrealidad en nuestro corazón cuando oramos, y oramos, y oramos, y no recibimos respuestas.

Quizá lo peor de todo es el hecho de que nuestros fracasos en la oración dejan al enemigo en posesión del campo. La peor parte del fracaso en una campaña militar no es la pérdida de hombres o la pérdida de prestigio, sino el hecho de que el enemigo queda en posesión del campo. En el sentido espiritual, esto es tanto una tragedia como un desastre. Satanás debiera estar siempre huyendo, siempre preocupado por su retaguardia; en vez de eso, ese enemigo blasfemo sostiene su posición con petulancia y burla, y el pueblo de Dios se lo permite. No es de extrañarse que la obra del Señor esté tan retrasada. No debe asombrarnos que la obra de Dios haya quedado estancada.

## Todo lo que pidamos en su nombre

¿Osamos darnos cuenta de que Jesús dijo que podemos tener todo lo que pidamos en su nombre? Juan hace hincapié en esa verdad cuando dice: "Esta es la confianza, la audacia, la seguridad, que tenemos en él". No le estoy añadiendo palabras, porque el original griego implica las tres: *confianza, audacia, seguridad.* La palabra *confianza* no es lo bastante fuerte en las lenguas modernas para transmitir todo el sentido, por esa razón algunos traductores usan la palabra *audacia* y otras la de *seguridad.*

Es exactamente aquí donde la persona de fe y la persona

de razón se diferencian y se separan. Esta clase de enseñanza, que podemos tener confianza en Dios y Él nos dará lo que le pidamos en el nombre de Jesús, es totalmente rechazada por la persona incrédula. Esa persona dice que eso no puede ser, que es inaceptable sin la prueba de la razón humana.

La incredulidad no es solo una actitud mental. Es una cuestión moral. La incredulidad es siempre pecaminosa porque siempre presupone una condición inmoral antes de que exista. La incredulidad no es el fracaso de la mente en percibir y hacerse con la verdad. No es la falsedad de una premisa lógica. No es la conclusión equivocada que se saca de una premisa lógica. Es un pecado moral. Los que dicen que no pueden creer en las promesas de Dios no pueden entender el leguaje con el cual estamos tratando aquí. Ellos dicen: "Tenemos que contar con una mejor razón para creer lo que afirma Juan en su declaración de que Dios escuchará y responderá nuestras oraciones".

Y no obstante, en todo este tiempo en que el argumento sigue debatiéndose, la persona de fe sigue firme en su confianza. La persona de fe no descansa en la razón humana. Él o ella no rechazan el lugar de la razón, pero saben que hay cosas que la razón humana no puede hacer.

**No estoy en contra de la razón humana**

Nunca he estado en contra de la razón humana. Solo me he expresado en contra del intento de la razón humana de hacer cosas para las que no está calificada. En todas las áreas en las que la razón humana está calificada, digo: "Empleémosla". Usted seguramente tiene un abrelatas en su casa, y la razón lo guía en su uso. Es decir, usted usa el abrelatas para abrir recipientes metálicos, no para zurcir los calcetines de su hijo pequeño. En casi todos los hogares hay un martillo y un serrucho en la caja de las herramientas. Sabemos para qué sirven y cómo se deben usar. No los usamos para empapelar las paredes del comedor o para barrer el patio. Si la razón humana está calificada, yo digo que se use. Pero hay otras cosas que la razón humana no puede hacer, cosas que están más allá de su capacidad.

La razón no podía decirnos que Cristo Jesús nacería de una virgen, pero la fe sabe que así sucedió. La razón no puede demostrar que Jesús tomó sobre sí la forma de hombre y que murió por los pecados de la humanidad, pero la fe sabe que eso fue lo que hizo. La razón no puede probar que Jesús resucitó al tercer día de entre los muertos, pero la fe sabe que eso fue lo que sucedió porque la fe es un órgano de conocimiento. Los racionalistas adoptan la posición de que el cerebro es el único órgano de conocimiento, pero ellos se olvidan por completo o pasan por alto que los sentidos y los sentimientos son medios de conocimiento, y la fe también lo es.

Cuando la temperatura en el exterior es elevada, nosotros lo sabemos muy bien. Los sentimientos son un medio de conocimiento. Un joven ama a una señorita. ¿Cómo lo sabe? ¿Es que se pone a leer una enciclopedia con el fin de basar su amor en la razón? No, él escucha los latidos de su propio corazón. Lo sabe por sentimiento.

Así, pues, junto con la razón, los sentimientos son un medio de conocimiento, y la fe la podemos poner en la misma categoría. Eso quiere decir que la persona que ha puesto su confianza en Dios tiene acceso a un conocimiento que no puede tener la persona que solo piensa y razona.

La razón no puede decir: "Yo sé que Cristo Jesús vendrá a juzgar a los vivos y a los muertos", pero la fe sabe que Él lo hará. La razón no puede decir: "Mis pecados han sido borrados", pero la fe sabe que están perdonados y olvidados. Dicho sencillamente, la fe ignora a la razón y se eleva por encima de ella. El intelecto sigue por detrás tratando de seguir a la fe, como un niño pequeño se esfuerza por mantener el paso con su padre.

Esa es la razón por la que la palabra "maravillarse" aparece a menudo en el Nuevo Testamento. "Oyendo esto, se maravillaron". La fe iba por delante haciendo maravillas, y la razón la seguía, con los ojos abiertos y asombrada. Esta es la manera en la que siempre debería ser.

### Razón con piernas cortas

Pero en nuestro tiempo hemos enviado a la razón por delante, con sus pequeñas y cortas piernas, y la fe nunca la sigue. Nadie se maravilla, porque todo puede ser explicado. Siempre he afirmado que un creyente cristiano es un milagro, y en el preciso momento en que usted puede explicarlo por completo, ya no tiene un cristiano. He leído los esfuerzos de William James por examinar psicológicamente las maravillas de la obras de Dios en la vida y experiencia humana. Pero el genuino hijo de Dios es alguien que no puede ser explicado mediante el razonamiento humano.

En esta relación con Cristo Jesús por medio del nuevo nacimiento, algo tiene lugar mediante el ministerio del Espíritu Santo que la psicología no puede explicar. Esta es la razón por la que sostengo que, después de todo, la fe es la clase más elevada de razón, porque la fe nos lleva directamente a la presencia de Dios. Nuestro Señor Jesucristo ha ido por delante de nosotros como un precursor y está a nuestro favor en la presencia del Dios Todopoderoso. Solo por este medio podemos alcanzar aquello para lo cual fuimos creados y al final entrar en comunión con el Origen y Fuente de nuestro ser. Podemos amar a la Fuente de la vida y hablar en oración con aquel que nos ha dado el nuevo nacimiento. Podemos descansar en el conocimiento de que Dios hizo el cielo y la tierra.

Puede que no seamos astrónomos, pero podemos conocer al Dios que ha creado las estrellas. Puede que no seamos científicos, pero podemos conocer al Dios que hizo las matemáticas. Puede haber conocimiento técnico que nosotros ignoremos, pero nosotros podemos conocer al Dios de todo conocimiento. Podemos traspasar el velo y entrar en su presencia. Allí permanecemos asombrados y en silencio, contemplando y contemplando las maravillas de la deidad. Es la fe la que nos lleva allí, y la razón no puede desaprobar nada de lo que la fe descubre y conoce. La razón nunca puede hacer eso.

¿Por qué tienen que pensar algunos escritores cristianos que ellos tienen que acudir en ayuda del Dios Todopoderoso? Andan siempre citando unos pocos datos científicos que, según ellos, apoyan a la Biblia. Eso es lo que están haciendo esos hombres buenos, pero van en la dirección equivocada. Muchos de ellos son mejores que yo, pero están equivocados. Ninguna acumulación de hechos científicos que podamos reunir podrá nunca apoyar un hecho espiritual; estamos tratando con dos esferas diferentes. Una es la esfera de la razón y la otra es la de la fe en Dios.

Si el sol comenzara a levantarse por el oeste y corriera su

curso hasta el este, si el verano terminara abruptamente y nos lanzara en medio del invierno sin un otoño de transición, si el maíz en los campos creciera hacia el interior de la tierra en vez de hacia arriba, ninguna de estas cosas cambiaría mi forma de pensar en cuanto a Dios o la Biblia. Carezco de las palabras adecuadas para recalcar debidamente que la fe en Dios no depende para nada del apoyo de ayudas científicas.

**La fe depende del carácter de Dios**

No, tenemos confianza y audacia en Dios porque Él *es* Dios. Hemos aprendido lo suficiente acerca de su carácter para saber que podemos apoyarnos en Él completamente.

Puede que le hayan dicho que si memoriza más versículos bíblicos tendrá más fe. He memorizado las Escrituras desde que me convertí a Cristo, pero mi fe no descansa en las promesas de Dios. Mi fe descansa en el *carácter* de Dios. La fe debe descansar con confianza en aquel que ha hecho las promesas. Se escribió acerca de Abraham que "tampoco dudó, por incredulidad, de la promesa de Dios, sino que se fortaleció en fe, dando gloria a Dios, plenamente convencido de que era también poderoso para hacer todo lo que había prometido" (Ro. 4:20, 21). La gloria le fue dada a Dios, porque a Él le corresponde, no a la promesa o a la fe de Abraham.

Así, pues, ¿para qué es la promesa? Dios me da la promesa con el fin de que yo conozca inteligentemente lo que Él ha planificado para mí, lo que Dios me dará, y lo que puedo reclamar. Eso es lo que son las promesas y son direcciones inteligentes. Descansan sobre el carácter y la habilidad de aquel que las ha hecho.

Déjeme ilustrarlo. Mi patrimonio consiste principalmente de mis libros. Tengo unos pocos muebles para el hogar, pero no muchos, ni son tampoco muy caros. Esos y mis libros son todo lo que poseo. Pero supongamos que mis herederos se reúnen para escuchar la lectura de mi testamento, y ellos oyen: "Dejo a mi hijo Lowell un yate en el Golfo de México. A mi hijo Stanley le dejo una propiedad de cien acres (un acre tiene 40 áreas y 47 centiáreas) en Florida. A mi hijo Wendell todos los derechos que tengo sobre los minerales en Nevada". ¿Usted sabe lo que ocurriría? Pues que esos hijos míos, reunidos para escuchar la lectura de mi última voluntad, dirían con mucho sentimiento: "¡Pobre papá! ¡Tenía que estar completamente fuera de juicio para escribir un testamento así! ¡No tiene ningún sentido porque no era propietario de ninguna de esas cosas. No puede cumplir nada de lo que ha dicho!".

Pero cuando el hombre más rico del país muere y sus herederos se reúnen para escuchar la lectura de su testamento, cada uno de ellos presta atención a la mención de su nombre porque este es un testamento respaldado por muchos recursos. Aquel hombre escribió su testamento con el propósito de que sus herederos pudieran conocer lo que podían reclamar. Del mismo modo, la fe no descansa solamente en las promesas, sino que se fundamenta en el carácter del que ha hecho esas promesas.

**Dios no puede mentir**

Entonces, cuando leo en mi Biblia, veo esta promesa: "Si pedimos alguna cosa conforme a su voluntad [Dios], Él nos oye. Y si sabemos que Él nos oye en cualquiera cosa que pidamos, sabemos que tenemos las peticiones que le hayamos hecho". ¡Esa es una promesa que Dios nos hace! Leo también las palabras de Jesús: "Y todo lo que pidiereis al Padre en mi nombre, lo haré, para que el Padre sea glorificado en el Hijo" (Jn. 14:13). ¡Esa es una promesa de parte de Dios! Pero, ¿cuán buenas son las promesas? Tan buenas como sea el carácter del que las hace. ¿Cuán bueno es? ¡Ah! Ahí está nuestra confianza. La fe dice: "¡Dios es Dios!". Él es el Dios santo que no puede mentir, el Dios que es infinitamente rico y que puede cumplir todas sus promesas. Él es el Dios que es infinitamente íntegro y honrado que nunca ha engañado a nadie. Es el Dios que es infinitamente verdadero. Tan bueno y verdadero como sea Dios, así son de buenas y verdaderas sus promesas.

¿En qué, pues, nos equivocamos nosotros? ¿Qué sucede con la confianza?

Nos comportamos con Él de forma inaceptable, tratamos de usarlo como una escapatoria del infierno. Lo usamos para que nos ayude cuando nuestro niño está enfermo, y después seguimos viviendo a nuestra manera. Luego tratamos de aumentar nuestra fe leyendo más promesas en la Biblia.

Pero eso no funciona, le puedo decir con seguridad que eso no va a funcionar. Tenemos que estar interesados en la persona y en el carácter de Dios, no en las promesas. Por medio de las promesas conocemos lo que Dios ha preparado para nosotros, nos enteramos de lo que podemos reclamar como nuestra herencia, aprendemos cómo debemos orar. Pero la fe misma debe descansar en el carácter de Dios.

¿Es difícil ver esto? ¿Por qué no hacemos hincapié en ello en nuestros círculos evangélicos? ¿Por qué tenemos temor de declarar a las personas en nuestras iglesias de que deben conocer a Dios? ¿Por qué no les decimos que deben ir más allá de hacer de Dios un bote salvavidas para su rescate o una escalera para escapar de un edificio en llamas? ¿Cómo podemos ayudar a nuestro pueblo a superar la idea de que Dios existe para ayudarlos a manejar su negocio o volar su aeroplano?

Dios no es un mozo de estación de ferrocarril para cargar con sus maletas y servirle a usted. Dios es Dios. Es el Creador de los cielos y de la tierra. Él sostiene el mundo con sus manos y pesa el polvo de la tierra en una balanza. Extiende el firmamento como un manto. Él es el Dios grande y todopoderoso. Él no es su siervo. Es su Padre y usted es su hijo. Él se sienta en el cielo y usted está en la tierra.

**¿Por qué no se predica más acerca de Dios?**

Cuando pienso en los ángeles que cubren su rostro en presencia del Dios que no puede mentir, me preguntó por qué cada predicador del evangelio no se dedica a predicar más acerca de Dios, y nada más. ¿Qué sucedería si cada predicador se dedicara a predicar solo sobre el carácter y la persona de Dios durante un año completo, acerca de quién es, sus atributos, su perfección, su ser, la clase de Dios que es y por qué lo amamos y por qué deberíamos confiar en Él? Me atrevo a decir que Dios pronto llenaría todo el horizonte, todo el mundo. La fe brotaría como la hierba junto a las corrientes de agua. Y luego que se dispusieran a predicar sobre las promesas de Dios, toda la congregación se uniría en coro para declarar: "Podemos confiar en las promesas, pues ¡ved quién las ha hecho!". Esto es confianza, esto es audacia.

Puede que la confianza nos entre lentamente porque

hemos nacido y crecido en un ambiente de mentiras. David dijo con desaliento: "Todo hombre es mentiroso" (Sal. 116:11). No leemos que cambiara de parecer después que pasara su angustia, porque todos tenemos un corazón engañoso, completamente malvado por naturaleza. Crecemos en un mundo donde la mentira es todo un arte. Encienda la radio o la televisión, y apenas va a encontrar una pieza publicitaria en la que el anunciante hable veinte segundos sin mentir. Nos hemos acostumbrado a las mentiras. Las carteleras publicitarias mienten. Las revistas mienten. Toda esta falsedad está a nuestro alrededor y nos la tragamos sin casi darnos cuenta. Hemos perdido nuestra confianza en las personas.

Si un hombre, un completo desconocido, llama a mi puerta y me dice: "Perdóneme. Debido a que usted es un ciudadano tan íntegro y responsable en este barrio, he venido para darle cien dólares". Yo no lo tomaría. Sabría que en alguna parte estaría el anzuelo. Hemos llegado al punto en el que esperamos el engaño en todo lo que nos rodea.

Un día un hombre joven se detuvo en la puerta de la casa pastoral: "¡Buenos días, señor Tozer!" Que conociera mi nombre no me sorprendió para nada, pues podía haberlo sabido por el mi vecino de al lado. Tenía un sonrisa que no desaparecía de su rostro. Le pregunté si andaba vendiendo revistas.

"¿Vendiendo revistas?", respondió con un tono como si yo lo hubiera herido profundamente mediante mi desconfianza. "¡Yo no haría eso!" Pero después de quince minutos de conversación, admitió que yo lo podría ayudar con sus gastos de universidad si me interesaba en una revista que él conocía a la que podría suscribirme. Pero no estaba vendiendo revistas.

### Una psicología de engaño

En buena medida vivimos en una tierra de mentiras y engaños. Hay una psicología de engaño y desconfianza enraizada en nosotros desde que nacemos. Pero cuando entramos en la esfera del reino de Dios, la esfera de la fe, encontramos que todo es diferente. La falsedad y los engaños se desconocen en el cielo. En el bendito reino celestial nunca nadie ha engañado a otro. Nuestra amada y antigua Biblia es un libro de absoluta honradez.

Cuando Cristo estuvo en la tierra y anduvo entre nosotros, no usó para nada ingeniosas maniobras evangelísticas. Nunca dijo: "Ahora levanten la mano; ahora bájenla". Todos hemos escuchado acerca de personas que se supone están en la obra cristiana, pero nos preguntamos si algunas de ellas no son unas bribonas. Gracias a Dios que en su verdadero reino no habrá engañadores sucios que se aprovechen de piadosas mujeres ancianas. ("Usted me recuerda a mi madre que siempre oraba. ¿Quisiera usted orar por mí? Necesito 500 dólares para servir a Dios". Él sabe que ella tiene ese dinero, y antes de salir ya lleva en la mano el cheque. Él se ha salido con la suya de vivir a costa de los demás).

Tengo más respeto por el hombre que roba un banco a punta de pistola que por ese perverso engañador que se aprovecha de una persona desprevenida con su manera de hablar suave y sus oraciones hipócritas. Esas conductas me enojan. Si hay un lugar en el mundo en donde las personas debieran ser sinceras y honradas, es en la iglesia de Dios. Deseo vivir y predicar de tal manera que los miembros de la iglesia puedan traer a sus amigos y asegurarles que pueden creer lo que oyen desde este púlpito. Puede que algunas veces esté equivocado, pero quiero ser siempre honrado. Mientras yo tenga la oportunidad de hacerlo, ninguna persona que sea engañadora recibirá de mí una invitación para subir a este estrado.

Es bueno repetirlo, la Biblia siempre nos dice la verdad. Dios nos cuenta toda la historia acerca de hombres y mujeres. La Biblia nos habla de aquello sobre lo que nosotros hubiéramos procurado echar tierra. Nos cuenta acerca de David, un hombre conforme al corazón de Dios, y nos dice cómo cayó, cometiendo adulterio. Nosotros hubiéramos dejado fuera ese capítulo, pero Dios lo dejó ahí. La Biblia nos habla acerca de Pedro, uno de los apóstoles del Señor. Pero Pedro una vez juró que él no sabía nada de Jesús, y la Biblia incluye ese detalle.

## No haga mal uso de la Biblia

Usted puede apoyarse en la Biblia, en su verdad y en todo lo que dice acerca de Dios. Puede confiar en ella. Pero no abuse de ella o haga mal uso de ella. La Biblia no le dice que si usted acepta a Cristo tendrá paz mental. No le dice que debido a que es cristiano usted se va a relajar y dormir doce horas por la noche. No le dice que de repente va a tener éxito en lo que hace, o que le va a crecer el cabello en su cabeza calva.

La Biblia sí le dice que usted puede tener vida eterna ahora mismo, con sufrimientos, dificultades y llevando una cruz, pero con gran gloria en la vida venidera. La Biblia le dice con claridad que si está preparado para aceptar las espinas y la cruz, las dificultades y la hostilidad, usted puede tener la corona.

Eso es lo que la Biblia nos dice. De eso habla este libro antiguo y honrado. ¡Por eso no nos asombra que los santos de Dios quieran morir con su Biblia en las manos!

Jesús nos dice: "Haré todo lo que pidáis en mi nombre. Podéis pedir por cualquier cosa en mi nombre". Pedir en el nombre de Jesús significa que pedimos conforme a su voluntad. Aquí es donde entran las promesas: "Usted debe conocerlas para saber cuál es su voluntad". Memorice la Palabra de Dios; permita que se convierta en una parte de su ser para que pueda contar completamente con los méritos de Jesús.

Los méritos de Jesús son suficientes. Entraremos en el paraíso porque Jesús salió de él para que nosotros pudiéramos entrar. Viviremos porque Jesús murió. Estaremos con Dios porque Jesús fue rechazado de la presencia de Dios en el terror de la crucifixión.

Nuestra fe descansa en el carácter de Dios y en los méritos de su Hijo, Cristo Jesús. Nosotros no tenemos nada que podamos llevar, solo nuestra pobre y miserable alma. El pecador que piensa que él o ella es bueno tiene cerrada la puerta del reino para siempre. Pero aquel que sabe que él o ella es el primero de los pecadores y totalmente indigno, que acude en humildad dependiendo de los méritos de Jesús, entrará.

## No podemos negociar con Dios

Usted no puede acudir a Dios con intenciones de negociar y con promesas, pero si se entrega por completo a su gracia y misericordia, confía en su carácter y en los méritos de su Hijo, tendrá las peticiones que le haga.

Usted puede tener esta confianza en Dios y puede tener también esta clase de respeto por su voluntad. No espere que Dios realice milagros para usted a fin de que pueda escribir libros acerca de ellos. No intente nunca pedirle que le envíe cosas como si fueran juguetes para que usted juegue con ellos delante de los demás.

Pero si usted está metido en dificultades y preocupado acerca de su situación, y dispuesto a ser sincero para con Dios, puede tener confianza en Él. Puede acudir a Él en los méritos de su Hijo, reclamar su promesas y Él no dejará que usted quede frustrado. Dios lo ayudará y usted encontrará el camino de la liberación.

Dios moverá los cielos y la tierra por usted, siempre que confíe en Él.

CAPÍTULO

4

# Los verdaderos discípulos de Cristo

¿Es usted un verdadero discípulo de Cristo o es cualquier otra clase de discípulo? A los que habían creído en Él, les dijo:

> Si vosotros permaneciereis en mi palabra, seréis verdaderamente mis discípulos; y conoceréis la verdad, y la verdad os hará libres (Jn. 8:31, 32).

Podemos aprender bastante de lo que *no* se dice o se escribe. Por ejemplo, si digo "arriba", se supone que debe haber un "abajo". Si digo "largo", implica que hay también un "corto", o no tendría que haber dicho "largo". Si digo "bueno", se supone que hay un "malo", de lo contrario no habría con lo que comparar "bueno". De modo que cuando Jesús habló de verdaderos discípulos, debía haber otras clases también.

Antes de entrar a considerar algunas de las otras clases de discípulos, al compararlos con los "verdaderos" discípulos, notemos el marco de la discusión de Jesús con los fariseos. Primero, ellos le habían preguntado: "¿Dónde está tu Padre?" (8:19). A lo que Jesús se atrevió a responder: "Ni a mí me conocéis, ni a mi Padre; si a mí me conocieseis, también a mi Padre conoceríais" (8:19). Entonces continuó diciendo: "Yo me voy, y me buscaréis, pero en vuestro pecado moriréis; a donde yo voy, vosotros no podéis venir" (8:21).

Un poco después le hacen la insolente pregunta: "¿Tú quién eres?" (8:25). Jesús de hecho les respondió: "Yo soy el que os he estado diciendo que soy. ¿No dije: 'Destruid este templo, y en tres días lo levantaré'? Ese es quien yo soy. Me referí a mí mismo y dije: 'Porque el Hijo del Hombre vendrá en la gloria de su Padre con sus ángeles'. Ese es quien yo soy. Dije: 'El que os habla es el Cristo'. Dije: 'El Hijo da luz a quien Él quiere', ese soy yo".

"Dije: 'Yo soy el pan de vida que desciende del cielo y da vida al mundo'. Dije: 'Yo soy la luz del mundo; el que me sigue, no andará en tinieblas'. Eso es lo que yo soy. Yo hablo y juzgo, y el Padre es conmigo porque yo hago siempre lo que le agrada. Soy el portavoz del Padre. Eso es lo que yo soy".

**Jesús era Dios hablando**

No fallemos en darnos cuenta de que Jesús pudo haber dicho y de hecho dijo: "Yo hablo y juzgo. Hablo en nombre del Padre". Jesús no vino para ofrecer consejo humano que las personas pudieran tomar o dejar conforme a su gusto. En vez de eso habló siempre con una autoridad absoluta y final. Él no fue simplemente un hombre que hablaba. Su consejo no era solo el consejo de un hombre bueno y religioso. Era el portavoz de Dios.

Esto es, pues, lo que Jesús dijo a los que le preguntaban:

> Yo soy de arriba… pero el que me envió es verdadero; y yo, lo que he oído de él, esto hablo al mundo… nada hago por mí mismo, sino que según me enseñó el Padre, así hablo. Porque el que me envió, conmigo está (Jn. 8:23, 26, 28, 29).

Jesús les declaró que Él hablaba en nombre del Padre, y para cuyo mensaje absoluto no había posibilidad de apelación. Esto era bastante diferente de lo que solemos escuchar hoy día en los círculos eclesiásticos: Un obispo dice: "Tiene que ser así…". Sin embargo, su decreto puede ser siempre apelado al arzobispo. Pero cuando el Señor Jesucristo habla, no hay apelación posible. Nos quedamos con Jesús o con la noche eterna, lo escuchamos a Él o nos quedamos para siempre en la ignorancia, recibimos su luz o permanecemos en las tinieblas sin fin.

Pronto va a aparecer alguien que se siente llamado a protestar: "¡Qué arrogancia! ¡Qué intolerancia! ¡No creo quc el cristianismo tenga que ser intolerante!". Pues bien, puedo sobresaltar a esa persona un poco más. Creo en la caridad cristiana, pero no creo para nada en la tolerancia cristiana. La persona que odia el nombre de Jesús, que cree que Él no era el Hijo de Dios, sino un impostor, merece nuestro amor. Creo que si yo fuera el vecino de esa persona no levantaría un cerca de separación entre nosotros. Si trabajara con él o ella, procuraría ser amistoso. Creo en el amor cristiano, pero no creo en esa tolerancia débil que escuchamos predicar tan a menudo, esa idea de que Jesús debe tolerar a todos y que el cristiano debe tolerar toda clase de doctrina. No creo en absoluto en eso, porque no hay una docena de posibilidades "correctas". Solo hay un camino correcto. Solo hay un Jesús, un Dios y una Biblia.

Cuando nos hacemos tan tolerantes que llevamos a las personas a una niebla mental y a la oscuridad espiritual, no estamos actuando como cristianos, sino como cobardes. Lo mejor que podemos hacer es recordar que cuando Cristo Jesús ha hablado, eso es así.

Cuando Cristo afirmó que había venido del corazón del Padre, cuando declaró que Él era la Palabra eterna que estaba desde el principio con Dios, que era y que es Dios, estamos oyendo la verdad. Nuestra posición es clara. No es Jesús más una serie de otras filosofías. Jesús es el único camino. Él es suficiente.

## Los cristianos no son los únicos "fanáticos"

A nosotros los evangélicos y conservadores en teología nos acusan a menudo de ser intolerantes. Solo puedo contestar que la ciencia y la filosofía son todavía más arrogantes e intolerantes que lo que jamás pueda ser la religión. Nunca me he atrevido a tomar mi Biblia y llevarla a un laboratorio para tratar de decirle a un científico cómo llevar a cabo sus experimentos. Y le agradeceré a él que no traiga su tubo de ensayo al Lugar santo y trate de decirme a mí cómo debo cumplir mi ministerio. El científico no tiene nada que decirme a mí acerca de Cristo Jesús, nuestro Señor. No hay nada que él pueda añadir, y no necesito apelar a él.

He estudiando a Platón y a los otros filósofos. Nunca he encontrado que Platón añadiera nada significativo a lo que Cristo Jesús dijo. Estudiar a los filósofos me ha ayudado a aclarar mi pensamiento y ensanchar mi perspectiva, pero no es necesario para mi salvación.

Solo puedo decir esto: seamos tolerantes en todo lo que podamos serlo, y seamos caritativos para con aquellos que no podemos tolerar. Pero no supongamos ni por un minuto que somos llamados a adoptar una postura muy fuerte sin saber exactamente lo que creemos.

Una persona sincera puede acudir a Jesús buscando y, no obstante, no terminar de entender. Puede tomar una semana o un mes, un año o diez el ayudarla a entender. Pero esa persona puede estar segura de que nuestro Señor nunca, nunca, dirá otra cosa, sino lo que ya ha dicho. Nunca tratará de escaparse por la tangente. Nunca pondrá una nota al pie de página: "No lo quise decir en ese sentido". Dice lo que quiere decir y quiere decir lo que ha dicho. Él es la Palabra eterna, y debemos escucharlo si queremos que nuestro discipulado sea genuino y consecuente.

Acostumbrábamos a pensar con gozo acerca de los que son verdaderos discípulos de Cristo Jesús. El discípulo verdadero nunca ha actuado sin ver ni entender a dónde lo llevan sus decisiones. Esa persona es alguien que se ha hecho cristiano después de serio pensamiento y apropiada consideración. Un discípulo verdadero ha permitido que la Palabra le examine el corazón. Un discípulo verdadero tiene un sentido de pecado personal y la necesidad de ser liberado de ello. Un discípulo genuino ha llegado a creer que Cristo Jesús es el único que puede liberarlo de los sentimientos de culpa. Un discípulo verdadero es el que se ha comprometido con Cristo, el Salvador, sin ninguna duda ni reserva.

Un discípulo verdadero no considera el cristianismo como un compromiso a medias. Esa persona se ha hecho cristiana en todos los áreas de su vida. Un discípulo verdadero ha llegado a un punto en la experiencia cristiana en el que no hay vuelta atrás. Usted puede seguirlo las 24 horas del día, tanto de día como de noche. Puede contar con su fidelidad a Cristo y con su gozosa permanencia en la Palabra de Dios.

### Las otras clases de discípulos

¿Qué hay acerca de las otras clases de discípulos?

Primero, debemos considerar a la persona que se hace discípulo de Cristo en razón de una reacción impulsiva. Esta es probablemente la persona que acudió a Cristo movida por una ola de entusiasmo, y yo tengo mis dudas acerca del que se convierte con rapidez y facilidad. Tengo la impresión de que el que se convierte a Cristo fácilmente puede volverse atrás también con la misma facilidad. Me preocupa la persona que se entrega rápidamente, que no ofrece ninguna resistencia a lo que le están vendiendo.

Me gusta el pecador que es consciente de lo que está sucediendo, aun cuando puede que él o ella se paren delante de ti y mirándote a los ojos, diga: "¡No creo en eso y no lo quiero!". Llegará el momento cuando esa persona piense de otra manera acerca de Cristo y del cristianismo. Él o ella tomará su tiempo para calmarse, para escuchar y reflexionar en la Palabra. De forma lenta pero segura esa persona llegará a determinar que el camino de Cristo es el correcto. Cuando esa persona llega a hacerse cristiana, usted tiene a alguien que ha entendido y es sólido.

Pero el que es débil y se deja llevar por los demás, entra fácilmente y puede también salir de la misma manera. Si se le puede convencer para que entre en el reino, también se le puede sacar de él en cualquier momento.

Algunos llegan a ser discípulos porque se encontraban en la apropiada situación mental. Por ejemplo, pensemos en un hombre cuya madre ha fallecido hace poco. El himno de invitación habla acerca de "Dile a la mamá que la veré allá", y él pasa al frente llorando. Los demás piensan que es una persona arrepentida, pero en realidad solo está pensando en su mamá. El cristianismo mediante impulso no es la respuesta al verdadero discipulado. Dios no nos va a introducir a empujones en su reino. La Biblia nos dice la verdad cuando declara: "He aquí ahora el tiempo aceptable; he aquí ahora el día de salvación" (2 Co. 6:2), pero Dios no quiere ayudar a nadie a salir de su capullo hasta que está listo.

Estoy de acuerdo con el hombre o la mujer que es lo suficientemente sensato acerca de su decisión como para decir con sinceridad: "Necesito un día para pensar en esto" o "Necesito una semana para leer la Biblia y meditar en lo que implica esta decisión".

Nunca he pensando que sea un elogio para la iglesia cristiana el que podamos generar entusiasmo en tan breve espacio de tiempo. Cuanto menos líquido hay en la cafetera, tanto más deprisa comienza a hervir. Hay algunos que se convierten con entusiasmo, y se van de la misma manera.

## Tengamos cuidado con el culto a la personalidad

Me he encontrado también con la clase de discípulos que parecen ser cristianos debido al culto a la personalidad. Han quedado deslumbrados y cautivados por una gran dosis de personalidad atractiva. No podemos negar que cuando algunos individuos sonríen, su rostro irradia atracción y las personas quieren seguirlos inmediatamente.

Me he sentido siempre un poco fastidiado por las pruebas de personalidad, aunque soy adicto a ellas. En realidad nunca he encontrado una que de verdad me beneficiara. Siempre he terminado saliendo con una puntuación pobre. Pero nunca he dejado pasar uno que preguntara: "¿Es usted un buen esposo?" "¿Es usted un buen padre?" "¿Ha logrado desarrollar su personalidad?".

Una vez hablé en confianza con el doctor H. M. Shuman, el que fue durante mucho tiempo presidente de la Alianza Cristiana y Misionera y filósofo cristiano muy sabio, y le dije:

—Doctor Shuman, nadie me va a seguir a mí. No paro de fijarme en todo el encanto y personalidad que exhiben los grandes líderes. ¡Todo lo que tienen que hacer es silbar y enseguida acude una multitud!".

—Dé gracias a Dios de que ellos no tengan que seguirlo a usted —me contestó el doctor Shuman—. Aunque ellos no lo sigan, usted predique a Cristo para que lo sigan a *Él.*

Cuando pensamos acerca de esto, recordamos que las Escrituras dicen que Jesús mismo no tenía esa clase de encanto que hiciera que los demás se sintieran atraídos por Él. No tenía ese tipo de personalidad deslumbradora. Creo que fue un judío muy normal y corriente, porque Judas tuvo que besarlo para que los soldados pudieran identificarlo. Si Jesús hubiera sido una personalidad de la televisión y hubiera hecho bien su papel, nadie habría tenido que ir para señalarle con el dedo y decir: "Ese es".

Pero cuando Jesús abría su boca, la gracia y la verdad salían de ella, y los hombres y las mujeres se veían en la situación de rechazar las palabras que salían de sus labios, o de seguirlo. En cualquier caso, nunca volvían a ser los mismos.

## Los discípulos a medias

Pensemos ahora en aquellos que son medio discípulos,

es decir, que son en parte discípulos, mitad discípulos. Son hombres y mujeres que ponen su vida parcialmente bajo el señorío de Cristo, pero que dejan fuera de su control otras áreas. Hace muchos años que llegué a la conclusión de que si Cristo no tiene el control de todo mi ser, lo más probable es que no tiene nada de mí bajo su señorío.

Puede parecer extraño, pero me he encontrado con discípulos cristianos que eran medio salvos. No me pida, por favor, identificarlos teológicamente. No puedo. Doy gracias porque Dios no me pide que escriba cartas de recomendación por personas que Él no puede reconocer. No me pide que haga eso, porque Él sabe dónde está cada uno, dentro o fuera del reino, y yo no lo sé.

Solo sé lo siguiente en cuanto a estas personas a las que veo como medio discípulos: "Ellas permitirán que el Señor las inquiete en algunas cosas, pero en ningún modo en otras". Obedecerán al Señor en ciertas áreas que seleccionan en su vida, pero lo desobedecerán consciente y obstinadamente en otras. El resultado es que no sé dónde poner a esas personas. No sé qué hacer con ellas. Por tanto, debo dejarlo en las manos de Dios.

En cuanto a mí, no quiero ser un cristiano a medias. Quiero que toda mi vida, todo mi ser, esté bajo el dominio del Señor Jesucristo. Un anciano predicador inglés acostumbraba a decir: "¡Si Cristo no puede ser Señor de todo, Él no será Señor de nada!". Ciertamente, Él quiere ser Señor de toda mi vida. Él quiere que yo sea un discípulo que le permita dirigir toda mi vida.

Supongamos que un hombre joven cristiano comienza su vida espiritual con un rostro resplandeciente. Se hinca de rodillas en la reunión de oración y dice: "¡Señor, soy tuyo, úsame!". Parece ser un hombre cristiano consagrado y ejemplar. Entonces aparece un señorita muy bonita. Ella no es cristiana, pero tiene una figura linda, una personalidad atractiva y una voz suave y dulce. El joven cristiano se interesa en ella, y ella comienza a alejarlo del Señor. En su momento hay boda, ellos organizan su hogar y en poco tiempo aquel hombre joven deja de aparecer por las reuniones de oración. Le preguntas qué está sucediendo y contesta: "Pues que están surgiendo otros planes de familia que mi esposa organiza". No pasará mucho tiempo sin que él termine siendo un cristiano a medias y un esposo a medias, sin esforzarse mucho en ningún lado.

No quiero parecer cruel, pero debo ser sincero. Cristo Jesús quiere ser y debe ser el Señor. Él debe ser Cabeza y Señor de todas las áreas de nuestra vida. No podemos tener una novia o un esposo, un hogar o un empleo encerrados en un compartimiento hermético que Jesús no pueda controlar. Si Cristo Jesús no es Señor de todo nuestro ser, no somos verdaderos cristianos.

**También están los discípulos a corto plazo**

Otros son discípulos, pero solo por un cierto tiempo. Me he encontrado con algunos de ellos. Ellos siempre se dejan una puerta abierta. Nunca queman los puentes que dejan atrás. Nunca llegan al punto en el que no pueden volverse atrás. Creo que un cristiano es un cristiano de verdad, auténtico, cuando él o ella llega al punto de no poder volverse atrás.

Los miembros de nuestras iglesias no andarían preocupados acerca de si pueden perderse o no después de ser cristianos si estuvieran en la situación y relación debidas con Dios. Necesitan decir: "Señor, no voy a preocuparme a causa de esos problemas teológicos, sino que lo voy a solucionar ahora mismo, y llegar al punto en el que ya no pueda volverme atrás. No quiero separarme de ti". Pero hay todavía discípulos a corto plazo que aún no han llegado a ese punto de no poder volverse atrás. Son cristianos a medias, a corto plazo. Cristianos de temporada. Acuden al templo en Navidad, Semana Santa y en otras ocasiones especiales. Pueden ser muy religiosos en ciertas estaciones del año.

¿Ha oído alguna vez de discípulos "camaleones"? Cambian de color con el medio ambiente. Hay incluso algunos predicadores que son así. Tienen la habilidad de hablar como las personas del grupo en donde se encuentran. Si están con pensadores liberales, véalo, comenzarán a sonar como liberales. Si están entre evangélicos, hablarán como evangélicos. Somos "adaptables", dicen. "Creemos en ajustes". Esas personas no necesitan ajustes, ¡necesitan a Dios!

Como discípulos cristianos, debiéramos ser lo que somos en todo lugar. Como los diamantes. Un diamante no se ajusta a sí mismo conforme a la situación; es siempre un diamante.

Así también debe ser con los cristianos; deben ser siempre cristianos. No somos cristianos si esperamos a que venga la atmósfera propicia para practicar nuestra religión. No somos cristianos si tenemos que ir al templo para ser bendecidos. No somos cristianos hasta que no nos hayamos entregado completamente a Cristo, hasta que no hayamos llegado al punto de no volvernos atrás, y ya no somos más cristianos de temporada, sino regulares. Seguimos adelante para conocer y saber más de nuestro amado Señor.

Es bueno que le echemos una mirada a las marcas de los que no son verdaderos discípulos. Algunos de ellos tienen un aspecto muy piadoso. De hecho, los domingos por la mañana parecen tan piadosos como búhos hinchados. Tenemos algunos de ellos en nuestros círculos evangélicos. Sienten que pueden ser piadosos los domingos a las 11:00 de la mañana. Es una hora muy conveniente. No tienen que ser religiosos para levantarse por la mañana a tiempo para el culto de las 11:00 de la mañana. Tampoco se pierden su comida de los domingos. Reciben un poco de renovación. El culto no dura mucho. La música es buena la mayor parte de las veces. Solo les cuesta el dólar que echan en el plato de la ofrenda.

En consecuencia, estos que acuden al templo solo una vez a la semana, el domingo por la mañana, permiten que los demás los consideren sospechosos de que son solo discípulos a medias, del domingo por la mañana. No asisten a los cultos lo suficiente para demostrar que son otra clase de discípulos.

**No han abandonado sus otros amores**

Otra marca es esta: "No han abandonado sus otros amores". Fenelon dijo hace muchos años: "Abandona esos otros amores para que puedas encontrar el *amor.* Abandona los otros amantes a fin de que puedas encontrar al gran *amante.* Abandona aquello que más amas a fin de que puedas encontrar el *amor* verdadero que permanece". Pero estos "otros" discípulos no van a hacerlo, no están dispuestos a abandonar sus amores. Ellos quieren tomar el mundo en una mano y la cruz en la otra y caminar por la cuerda del equilibrista entre el cielo y el infierno. Confían en que por la gracia de Dios puedan dar un salto final cuando se acercan a las puertas.

No, creo que no. Recuerdo a Balaam en las Escrituras.

Oró de una manera quejumbrosa, y en base a esa oración, la mitad de los predicadores de este país le hubieran metido a empujones en el cielo. Él dijo:

> Muera yo la muerte de los rectos,
> y mi postrimería sea como la suya (Nm. 23:10).

Entonces se levantó y se pasó al lado de los pecadores y luchó en contra de los justos en la batalla. Cuando murió, ¿qué clase de muerte creemos que tuvo? ¿Murió la muerte de los rectos? Creo que no. Murió la muerte del pecador porque había vivido la vida del pecador. La persona que quiere morir la muerte de los rectos debe vivir la vida de los rectos. El que quiera morir como cristiano tiene que vivir como cristiano. El que quiera que el Consolador sea su refugio en esa hora tiene que permitirle que sea su refugio ahora mismo.

**Todavía hay otras marcas**

¿Quiere conocer otra marca de los "otros" discípulos? Pues bien, es esta, siempre se sentirán atraídos a ser parte de su propio grupo. Siempre irán con su propia compañía. En la mayoría de las iglesias están aquellos que afirman ser discípulos y que apenas han asistido a una reunión de oración al año. Hace algunos años el doctor William Pettengil lo explicó en detalle para nosotros. Estaba predicando sobre el libro de Hechos, y llegó al pasaje: "Y puestos en libertad [Pedro y Juan], vinieron a los suyos…" (Hch. 4:23). El doctor Pettengil insistió fuertemente en el hecho de que todos los seres humanos, si somos libres para hacerlo, por lo general nos inclinamos para estar con los nuestros. Demos libertad a las personas, y los que se inclinan por la pesca irán con otros pescadores. Otros a los que les gusta la música, se irán a escuchar un concierto. Dejemos a otros ir a donde quieran y se irán a un hipódromo para ver una carrera de caballos. A los cristianos les sucede lo mismo. Los que tienen corazón para la oración acudirán al culto de oración. Si tenemos corazón de cristianos, seremos algo más que simplemente cristianos del domingo por la mañana.

Están también los que dicen: "Soy un discípulo de Cristo", pero ignoran con ligereza o rechazan muchas de sus palabras o mandamientos.

Algunos maestros han tratado de envolver a Cristo en una niebla color de rosa de sentimentalismo. Pero no hay de verdad ninguna excusa para no entenderlo. Él trazó la línea tan fina como una cuerda de violín. Dijo: "El que no es conmigo, contra mí es; y el que conmigo no recoge, desparrama" (Mt. 12:30). "Pero el que no cree, ya ha sido condenado, porque no ha creído en el nombre del unigénito Hijo de Dios" (Jn. 3:18). "El que rehúsa creer en el Hijo no verá la vida, sino que la ira de Dios está sobre él" (Jn. 3:36). Y en aquel gran día cuando juzgará a la humanidad, Cristo Jesús dice que "apartará los unos de los otros, como aparta el pastor las ovejas de los cabritos". Luego agrega: "E irán éstos al castigo eterno, y los justos a la vida eterna" (Mt. 25:32, 46). Esas declaraciones no dejan una zona de crepúsculo, no dejan nada intermedio.

Considere los beneficios prometidos a los verdaderos discípulos. Jesús dijo: "Conoceréis la verdad, y la verdad os hará libres" (Jn. 8:32). Ninguno puede conocer la verdad, excepto el que obedece a la verdad. Usted piensa que conoce la verdad. Las personas memorizan cantidad de porciones de las Escrituras, pero eso no garantiza que conozcan la verdad. La verdad no es un texto. La verdad está en el texto, pero se requiere el texto más el Espíritu Santo para llevar la verdad al alma humana. Una persona puede memorizar un texto, pero la verdad debe venir mediante el Espíritu Santo a través del texto. La fe viene por oír la Palabra, pero la fe es también el don de Dios por medio del Espíritu Santo.

## La verdad requiere la iluminación interior

La verdad debe ser entendida mediante la iluminación interior. Entonces sí que conocemos la verdad. Hasta ese momento, no la conocemos. Por eso Jesús dijo: "Si vosotros permaneciereis en mi palabra, seréis verdaderamente mis discípulos", es decir, si continuáis en mis enseñanzas, "y conoceréis la verdad, y la verdad os hará libres" (Jn. 8:31, 32).

Me enteré por medio de unos misioneros que un jovencito en un campo misionero había memorizado todo el Sermón del Monte. Lo hizo en tan poco tiempo y con tan aparente poco esfuerzo que alguien fue a verlo para saber cómo lo había hecho.

"Pues" —dijo el muchacho— "memorizaba un versículo y luego confiaba en que Dios me ayudaría a ponerlo en práctica. Después memorizaba otro versículo y oraba: 'Señor, ayúdame a vivir este también'". El jovencito dijo que aquella era la manera en la que había memorizado todo el Sermón del Monte.

Aquel muchacho tenía la verdad de su parte. Él no consideró que la verdad fuera algo objetivo, simplemente para acumularlo en la mente como conocimiento. Por el contrario, la verdad era también subjetiva, para incorporarla a la vida y dejarse conducir por ella. La verdad se hace real dentro de nuestro ser mediante la obediencia y la fe.

Charles G. Finney enseñó que era erróneo, moralmente erróneo, enseñar la doctrina objetiva sin una aplicación moral. He asistido a clases de Biblia y he escuchado a hombres que eran muy buenos conocedores de la Palabra de Dios. Sin embargo, salía de allí más frío que un pez congelado. No me ayudaba en nada, no me elevaba espiritualmente ni me caldeaba por dentro del corazón. Me habían impartido la verdad como una proposición de Euclides o una fórmula matemática de Pitágoras. Y la respuesta es: "¿Y qué? ¡Vamos a tomarnos un refresco!". ¿Somos conscientes de que podemos darles a las personas la verdad objetiva sin la aplicación moral? Si la Palabra moral de Dios es verdad, se refiere a nosotros. Y si tiene que ver con nosotros, es para que la obedezcamos. Eso es vida. Eso es conocer la verdad.

**¿Y cuáles son los otros beneficios?**

No solo podemos conocer la verdad, sino que la verdad nos hace libres. ¡Cuánto anhelamos ese beneficio! Hay una doxología dedicada a Cristo en el Apocalipsis que dice:

> Jesucristo el testigo fiel, el primogénito de los muertos, y el soberano de los reyes de la tierra. Al que nos amó, y nos lavó de nuestros pecados con su sangre, y nos hizo reyes y sacerdotes para Dios, su Padre; a él sea gloria e imperio por los siglos de los siglos. Amén (Ap. 1:5-7).

Algunas versiones modernas dicen: "Y que por su sangre nos ha librado de nuestros pecados". El verbo griego permite ambos significados. ¿Qué es lo que hace una lavandería con nuestra ropa? Nuestros contactos con la civilización dejan nuestra ropa sucia, grasienta, y a veces manchada. La suciedad está no solo sobre la ropa, pronto está *en* ella. Podemos sacudir la ropa, razonar con ella, leerle una obra de Shakespeare, darle una conferencia sobre patriotismo o civilización avanzada; pero todavía está sucia y manchada. La suciedad hay que ablandarla y disolverla. La ropa hay que liberarla de su suciedad.

En la lavandería la ropa es sumergida en una solución que ablanda y disuelve la suciedad. Luego la aclaran, la secan, la planchan y se la envía a su propietario para que la vuelva a usar. Pero tiene que ser sometida a un proceso que la liberará de la suciedad.

La única solución que nos va a liberar de nuestros pecados es la sangre de Cristo Jesús. Él nos amó, nos lavó y nos liberó de nuestros pecados mediante su sangre. La educación, el refinamiento, ni ninguna otra cosa pueden lograrlo. Pero cuando la sangre de Cristo hace su obra en nosotros, quedamos liberados.

"Conoceréis la verdad", dijo Jesús, "y la verdad os hará libres". La verdad le llevará a la cruz, al Cordero de Dios, a la fuente llena con la sangre, y quedará libre de sus pecados. Pero tiene que haber un compromiso moral. Si no lo hay es que no ha habido auténtica comprensión. Si no hay comprensión de lo que está sucediendo, no hay limpieza.

¿Está usted obedeciendo la verdad como nos la revela el Espíritu de Dios? ¿Está gozando de los beneficios de la libertad que otorga Cristo Jesús? ¿Es usted uno de sus *verdaderos* discípulos?

CAPÍTULO

5

# La conciencia aísla a cada persona

En esta generación, un ministro del evangelio difícilmente puede ser popular en el púlpito si predica con energía sobre el tema de la conciencia.

¿Qué es lo que está ocurriendo hoy en la iglesia cristiana que ya no creemos en la conciencia humana? Dios nos ha dado un testigo fiel dentro de nuestro ser, un testigo capaz de señalarnos a cada uno de nosotros y revelar nuestra soledad, la soledad del individuo en un universo vasto e inexplorado destinado a encontrarse con un Dios enojado. Ese es el terror de la conciencia.

¿Por qué tiene que estar la iglesia temerosa de admitir la conciencia cuando la Palabra de Dios tiene tanto que decir acerca de ello? La Biblia nos recuerda que la conciencia siempre está del lado de Dios. Juzga la conducta a la luz de la ley moral: "acusándoles o defendiéndoles", como dice la Biblia (Ro. 2:15).

Estuve una vez en una iglesia como predicador invitado y prediqué acerca de la conciencia. Después del mensaje, un hermano anciano me tomó aparte y me dijo que había quedado muy preocupado por mí como ministro por causa de mi sermón. Era evidente que él no creía en la conciencia humana. Otro hermano, por cierto muy distinguido entre los evangélicos, también se acercó y él también sentía que la conciencia no era importante.

Satanás ha logrado mediante su propaganda desacreditar muchas de las verdades de la vida, incluida la conciencia. Cuando se menciona hoy día la conciencia en ciertos círculos, se hace solo con una sonrisa afectada. Esa es una de las maneras que tiene Satanás de deshacerse de las cosas, conseguir que los humanos se dediquen a hacer chistes sobre ellas. Es parte del proceso mediante el cual la mente se corrompe, porque siempre que el humor toma como su objeto las cosas santas para hacer chistes, ese humor es diabólico.

En nuestro tiempo los cristianos se están convirtiendo rápidamente en bromistas sacrílegos. Bromean acerca de la vida y la muerte. Bromean acerca de la oración y Dios. Y lo hacen también acerca de la conciencia. Hemos llegado al punto en el que tenemos que defender todo el concepto de la conciencia humana si es que vamos a hablar sobre ella seriamente. Parece casi increíble, pero es cierto.

La luz que ilumina a toda persona que viene a este mundo no es materia para bromear. La luz que Dios ha puesto dentro del ser humano, la cual puede aislar a un alma y hacer que cuelgue entre el cielo y el infierno, tan sola como si Dios hubiera creado solamente a esa sola persona, no es materia para chistes. Bromee y haga chistes acerca de la política si siente necesidad de hacerlo, pues en cualquier caso la política es siempre chistosa. Pero no bromee acerca de Dios y no lo haga tampoco en cuanto a la conciencia.

## Un concepto universal

No puedo ignorar que la sabiduría universal de la raza ha reconocido la idea de la conciencia dentro del corazón de cada persona. La conciencia humana es el testimonio universal de todos los pueblos en todas las edades. Tampoco voy a defender que las Escrituras la dan por supuesta y que en ciertas ocasiones la defiende claramente. Si usted examina una concordancia de la Biblia encontrará que la conciencia aparece mencionada en un cierto número de lugares. Y la idea que la palabra *conciencia* encarna aparece mencionada a lo largo de la Biblia. Subyace en toda la estructura de las Escrituras y está entretejida en toda la revelación.

Déjeme decirle lo que quiero decir por conciencia y entonces apuntar a los ejemplos bíblicos de su funcionamiento. Por último, quiero mostrarle lo que ha hecho y está haciendo hoy por las personas.

Por conciencia quiero decir aquello que siempre se refiere a lo que es bueno o malo. La conciencia nunca se preocupa por las teorías. Siempre se preocupa por lo que es bueno o malo, y por la relación del individuo con lo que es correcto o incorrecto.

En este sentido, me doy cuenta de un hecho interesante. La conciencia nunca trata en plural, sino siempre en singular. Solo hay un lugar en toda la Biblia en el que se usa conciencia en plural, y ese es cuando Pablo escribió a los cristianos en Corinto diciéndoles que se encomendaba a sí mismo a sus conciencias. En todos los demás lugares se habla de ella en singular, y conciencia siempre se refiere en la Biblia a lo que es bueno y malo. Así que es individual y exclusiva. Nunca permite el plural; excluye a todos los demás y nunca permite que un individuo se apoye en otro. La conciencia señala a una persona como si no existiera ninguna otra.

La palabra *conciencia* en las Escrituras se refiere a visión moral. Significa ver completamente; habla de una conciencia interior; significa estar secretamente consciente de algo. Esa es la definición psicológica de la conciencia.

Pero hay también una base de conciencia, y con eso es con lo que estamos preocupados aquí más que con la definición psicológica. Yo creo que esa base de conciencia humana es la presencia secreta de Cristo en el mundo, y su presencia secreta es la base para la conciencia humana. Es una conciencia moral.

## "Aquella luz verdadera, que alumbra a todo hombre"

Un versículo que cito a menudo es básico para mi teología de la conciencia: "Aquella luz verdadera, que alumbra a todo hombre, venía a este mundo" (Jn. 1:9). Lo que nos dice es que la luz ha venido a este mundo, la luz que alumbra a toda persona que nace en este mundo. Esa luz es la base para la conciencia moral. Dondequiera que funciona, esa es su base. Para eso está aquí. La Palabra eterna y viviente se halla presente en el mundo, presente en la sociedad humana, secretamente presente. Por eso la humanidad tiene una conciencia secreta de los valores morales.

Sé que hay algunos que afirman quc cuando la Biblia dice que "estabais muertos en vuestros delitos y pecados" significa que estamos muertos en un sentido tan literal de la palabra que ya no tenemos conciencia moral. Dicen que somos como cadáveres hasta que Dios en su soberana misericordia nos levanta de entre los muertos por medio del nuevo nacimiento. Entonces estamos preparados para escuchar. Esa clase de exégesis es errónea, deberíamos rechazarla inmediatamente, pues no tiene lugar para nada en las Escrituras. Solo porque la Biblia dice que estamos muertos en delitos y pecados, no hay que inferir que somos simples terrones muertos con los que no se puede hablar, persuadir, convencer, condenar, rogar, atemorizar o apelar.

Cuando la Biblia dice que estamos muertos en delitos y pecados, significa que estamos separados de la vida de Dios, y eso es todo lo que quiere decir. Por supuesto, eso es en sí mismo tan malo que es imposible pensar en algo peor. Pero dentro de esa misma persona que está separada de la vida de Dios y muerta en delitos y pecados, hay una conciencia moral. Él o ella tienen una voz interna y secreta que está siempre hablando con él o ella, es la luz que alumbra a toda persona que nace en este mundo. Es una voz singular en el seno de cada ser humano, acusando o incluso defendiendo a él o ella, como Pablo nos explica. Eso es lo que quiero decir por conciencia.

En Juan 8 tenemos un ejemplo del funcionamiento de la conciencia humana. Los judíos del tiempo de Jesús eran unos moralistas estrictos, particularmente cuando otros estaban observando. No eran tan estrictos cuando podían hacer lo que querían en privado. Estos maestros de la ley y fariseos habían sorprendido a una pobre mujer en el mismo acto de adulterio. Ellos no tenían una subyacente compasión o preocupación por aquella mujer o por el quebrantamiento de la ley o por el bienestar espiritual de Israel. Solo tenían una cosa en mente.

**Querían silenciar a Jesús**

La única intención de estos líderes judíos era deshacerse de este Maestro religioso porque era para ellos un motivo de vergüenza y humillación. Estaban dispuestos a silenciarlo a como diera lugar. Buscaban que hiciera alguna declaración que pudieran usar en contra suya. De esa manera lo pondrían al descubierto, lo desacreditarían para siempre y ya no podría enseñar en público. Esa era su agenda y lo que andaban tramando. La pobre mujer era solo un títere, nada más. No tenían amor por ella como persona, ni tampoco la aborrecían por causa de su pecado. Era a Jesús a quien aborrecían y estaban dispuestos a hacer todo lo que estuviera en sus manos para cargárselo.

Por esa razón arrastraron a esa pobre mujer por las calles hasta llevarla a la presencia de Cristo y le dijeron: "Aquí está esta prostituta que ha sido pillada en el acto. La ley de Moisés dice que hay que apedrearla hasta que muera. ¿Qué dices tú?".

Si Jesús respondía diciendo: "Apedrearla", y ellos lo hubieran hecho, los romanos habrían metido a Cristo en la cárcel y eso habría sido el fin de su ministerio. Si, por el contrario, Él decía: "Dejadla en paz y que se marche", ellos habrían contestado: "Nosotros siempre supimos que tú estabas en contra de la ley de Moisés", y eso habría sido el fin de su carrera como maestro en Israel. Habría quedado completamente desacreditado ante la ley.

Tengo que reconocer que siempre he disfrutado mucho por la manera en la que Cristo manejó la situación con estos compatriotas suyos. Él conocía su gran hipocresía. Sabía que ellos no tenían compasión ni preocupación por la mujer. Sabía que carecían de interés genuino por la ley. Sabía que lo odiaban y se dio cuenta de la trampa que le estaban tendiendo. No solo eso, Él sabía de su falsa piedad, de sus filacterias, de sus largas túnicas, de su aspecto santurrón, y sobre todo, de su falsa espiritualidad y piedad artificial.

De modo que los judíos insistieron: "Vamos Maestro, habla, se supone que tenemos que apedrearla. ¿Tú qué dices?".

Me pregunto si no habría en los ojos de Jesús un destello por saber lo que iba a suceder mientras miraba a sus adversarios, y luego los retó como individuos y como grupo: "Amigos, el que de vosotros esté sin pecado, que tire la piedra el primero". Luego, olvidándose de ellos, Jesús se agachó y comenzó a escribir algo con su dedo sobre el polvo. Al sentirse tocados fuertemente por aquella voz interior, aquellos hombres comenzaron a escabullirse.

## La conciencia los condenó

Uno se marchó tan avergonzado que no se sintió capaz de decir nada al que tenía a su lado. Después el siguiente, y el siguiente, y así hasta que todos, por propia iniciativa, se marcharon en silencio. La conciencia tiene el poder de aislar el alma individual y despojarla de todas sus ayudas y estímulos.

Algunos de aquellos viejos religiosos pensaban que porque eran tan mayores y habían olvidado sus antiguos pecados, Dios también los había olvidado. Pero tan pronto como la voz de Jesús los despertó por dentro, se acordaron de ellos y sintieron la necesidad de marcharse. Se escabulleron, temerosos de levantar la vista, quizá por miedo de que Dios comenzara a apedrearlos a ellos, porque sabían que eran tan culpables como la mujer que habían llevado ante Jesús.

La ley de Moisés que decretaba la muerte de los adúlteros estaba para ser aplicada a las personas santas, no a las malvadas. Su propósito no era indicar que un pecador llevara a la muerte a otro pecador. Nunca tuvo esa intención, y Jesús lo sabía bien. Cuando estos viejos hipócritas se toparon con Jesús, fue como cuando un gato se topa con una máquina en movimiento. Cada uno se escapó como pudo para lamerse sus heridas. Cada uno de ellos se sintió avergonzado.

Así es como trabaja la conciencia. Golpea la vida interior, toca el corazón, nos aísla, nos deja a solas con nosotros mismos. Para mí, eso es lo que pone el espanto en el juicio, que cada individuo tiene que comparecer solo, que estaremos solos en el universo ante el tribunal de Dios. Eso es exactamente lo que hace la conciencia: señala y aísla a la persona.

Así, pues, tenemos dentro de nuestro propio ser un testigo fiel de parte de Dios. Yo creo en eso. Despertados por la conciencia, atormentados por dentro, tocados por un golpe del cielo, cada hombre, uno por uno, se fue escabullendo. Eso es lo que hace la conciencia. Es una voz interior que habla a la persona. Es una voz que todos tenemos que escuchar.

Algunas personas desean haber podido vivir en el tiempo de Jesús con el fin de haber escuchado su voz y sus enseñanzas. Se olvidan que hubo miles que escucharon a Cristo, pero que no tenían ni idea de lo que estaba hablando. Se olvidan de que sus propios discípulos tuvieron que esperar la venida del Espíritu Santo en Pentecostés para saber lo que verdaderamente Cristo les había estado diciendo. "Si solo hubiera estado allí para escuchar a Jesús", puede que usted haya dicho. No, usted está mucho mejor ahora. Usted cuenta con la luz que alumbra a todo individuo que viene a este mundo. Usted tiene la voz de la conciencia interior.

Algunos tienen pena porque nunca pudieron escuchar a Dwight L. Moody o a Albert B. Simpson en persona. Pero les recuerdo que aunque hubieran podido tener grabado al apóstol Pablo en cintas magnetofónicas, incluso si estuviera predicando en nuestro medio hoy, su predicación no podría hacer más por nosotros que lo que puede hacer el Espíritu Santo hoy con la Biblia y con la conciencia humana.

**Una voz más verdadera**

Nosotros hemos escuchado una voz más verdadera que la de Simpson o la de Moody. Hemos oído una voz más maravillosa que la de Pablo. Hemos escuchado la voz, la que es la primera y la última voz. Hemos escuchado la voz de la luz dentro del corazón, la voz que oyeron los que acusaban a la mujer.

Es una hipocresía decir: "¡Si yo solo hubiera escuchado a los grandes predicadores!". Congregaciones de cristianos medio salvados no prestan atención a la luz que está en medio de ellos, la luz que alumbra a todo ser humano. Ignoran la voz que suena dentro de ellos. ¡La iglesia necesita escuchar la voz interior y decidir hacer algo con ese mensaje!

No deseo en absoluto restarle méritos a los grandes hombres del ministerio; pero ellos no son la respuesta para nuestras necesidades. No olvidemos que Pablo tuvo sus hipócritas, Pedro sus Ananías y Safiras, Jesús su Judas. Los grandes predicadores y evangelistas no tuvieron un cien por ciento de éxito. Siempre habrá los que escuchan sus voces y, no obstante, no saben de qué se está hablando. Usted está oyendo una voz mucho más elocuente que la mía; usted está oyendo una voz mucho más seria que la de cualquier predicador o escritor.

En Nueva York me uní una vez a un grupo pequeño que asistía al culto a la hora del mediodía. El ministro dijo algo que no puedo olvidar. Dijo: "Damos por supuesto que si una persona ha escuchado el evangelio, él o ella han quedado iluminados. Pero esa es una suposición falsa. Por el hecho de haber escuchado a un hombre predicar las Escrituras no quiere decir necesariamente que él o ella estén iluminados".

No, no es la voz humana la que nos ilumina. Es el Espíritu Santo el que es el punto de contacto. Es el Espíritu de Dios hablando dentro de nosotros lo que nos ilumina y nos hace responsables ante Dios. Las palabras de un texto que caen en un oído humano puede que no signifiquen nada. ¡La voz interior es lo que es vital! Una persona no ha sido iluminada hasta que la voz interior no comienza a sonar dentro de ella, y esa voz es la voz de la conciencia, la voz de la convicción.

## Lo que las personas hacen con su conciencia

Examinemos ahora lo que las personas hacen con su conciencia. El apóstol Pablo le dijo a Timoteo que la meta del joven ministro en su tarea pastoral debiera ser: "El amor nacido de corazón limpio, y de buena conciencia, y de fe no fingida" (1 Ti. 1:5). Agrega luego: "Desviándose algunos" de un corazón limpio, de la buena conciencia y de la fe sincera "se apartaron a vana palabrería" (1:6). Nos está diciendo con claridad que algunos tienen una buena conciencia, mientras que otros, como caballos obstinados, se han apartado de una buena conciencia. No están dispuestos a escuchar la voz de su conciencia, y, como resultado, su religión se ha convertido en "vana palabrería". Son los cristianos que no ven dificultad alguna en vivir descuidadamente; pero hay consecuencias por esa forma de vivir descuidada, lo sepamos o no. Pensemos en estas víctimas que son ahora las que hablan vana palabrería. Se expresan con tono elevado acerca de la religión, pero es solo palabrería porque se han vuelto sordos a una buena conciencia. Todos los sermones del mundo serán en vano si no hay una conciencia buena y clara. Estos ya no son capaces de recibir ni responder a la verdad.

Pablo tiene otro consejo para Timoteo que tiene que ver con la conciencia. Hace mención de algunos maestros que "apostatarán de la fe, escuchando a espíritus engañadores y a doctrinas de demonios" (1 Ti. 4:1). Después agrega que esas enseñanzas vienen "por la hipocresía de mentirosos que, teniendo cauterizada la conciencia" (4:2).

Debemos saber que estos que tienen la conciencia cauterizada son los que caen en la falsa doctrina. Por eso nos preguntamos cómo es posible que esa persona que ha crecido en la Palabra de verdad, de repente se aparta y cae en alguna religión falsa. Quizás usted diga: "Está confundida". No. La falsa doctrina no puede tener poder sobre una buena conciencia. Pero cuando una conciencia ha sido cauterizada, cuando una persona ha jugado con fuego y ha quemado su conciencia, cauterizándola hasta el punto de que maneja el pecado sin encogerse ni avergonzarse para nada, entonces ya no hay ninguna seguridad para esa persona. El hombre o la mujer pueden marcharse a sectas extrañas, a la herejía o a cualquiera de las falsas religiones.

¿Por qué personas que han crecido en la escuela dominical, que han aprendido los Diez Mandamientos, que han conocido el Sermón del Monte y podían recitar la historia del nacimiento de Cristo y de su crucifixión y resurrección se marchan a una de las muchas sectas que abundan en nuestra tierra? La respuesta es que jugaron con la voz interna y no escuchaban a la voz del predicador dentro de ellos. Dios se apartó de ellas y las dejó marchar. Con una conciencia cauterizada, esas personas vagaron y terminaron cayendo en los brazos de una religión falsa.

## Conciencias "corrompidas"

Hay también otros, le dijo Pablo a Tito, que están viviendo con conciencias "corrompidas". "Pues hasta su mente y su conciencia están corrompidas", dice el apóstol. "Profesan conocer a Dios, pero con los hechos lo niegan, siendo abominables y rebeldes, reprobados en cuanto a toda buena obra" (Tit. 1:14, 15). Estas son las personas que están envilecidas por dentro. Hasta su lenguaje es sucio. Le tengo tanto temor a las personas con una lengua sucia como el miedo que tengo a los que tienen enfermedades contagiosas. Una lengua sucia y corrompida evidencia una enfermedad más profunda que ha acallado la conciencia.

Cuando nuestros hijos estaban creciendo, estábamos siempre preocupados, como todos los padres, por las enfermedades propias de la niñez. Recuerdo una ocasión en que uno de ellos se enfermó, y temíamos que fuera la escarlatina. Corrí a la biblioteca y busqué en la sección de obras médicas. Pronto leí que uno de los síntomas de la escarlatina es lo que se llama una "lengua de fresa". Así que volví a casa y examiné la lengua de mi hijo y comprobé que no tenía color de fresa y, por lo tanto, no tenía la escarlatina. Pero estuvimos bien asustados. La lengua color de fresa es la evidencia de la existencia de un millón de microbios destructivos dentro del cuerpo.

Cuando encuentro la lengua sucia en una cabeza humana, veo que eso es el síntoma de otra enfermedad muy diferente. No me importa si acaba de predicar un sermón de una hora. No me importa si ha estado orando por una hora. Si el dueño de esa lengua puede salir a la calle e ir al supermercado y usar su lengua sucia en su conversación, ¡le tengo miedo a esa persona! No hay duda de que tiene una enfermedad: su conciencia está corrompida.

Estas personas terminan estando "reprobados [incapacitados] para toda buena obra", dice la Biblia. No me gusta la palabra *reprobado* (incapacitado). Nos transmite la idea de alguien que ha sido llevado por la corriente, un naufragio moral. Habla de alguien que ha sido arrastrado a la playa, golpeado por la arena, cocido por el sol y azotado por el viento hasta el punto de que ya nadie lo quiere para nada. Pablo les dice a los cristianos de Corinto: "Sino que golpeo mi cuerpo, y lo pongo en servidumbre, no sea que habiendo sido heraldo para otros, yo mismo venga a ser eliminado" (1 Co. 9:27). Él no quería ser un reprobado espiritual. Yo tampoco.

## La conciencia "purificada"

Debo mencionar otro tipo de conciencia, una que menciono con gratitud. Es una conciencia "purificada". El escritor de Hebreos recomienda que estemos "purificados los corazones de mala conciencia" (10:22). Una de las cosas más relajantes, enriquecedoras, plenas y maravillosas en todo el mundo es ese sentido de liberación cuando una conciencia queda libre. Cuando Dios libera a una conciencia agobiada, el corazón de repente sabe que está limpio y se alivia de su carga. Incluso la mente queda liberada. Nos llenamos del conocimiento de que el cielo está satisfecho, que Dios está sonriendo y que el pecado ha desaparecido. Esta es, sin duda, una de las experiencias más maravillosas de todo el mundo: ¡Una conciencia purificada con la sangre limpiadora del Calvario!

Una conciencia enferma, mordaz, quejosa y maliciosa permanece abrumada y cargada hasta que Dios la purifica, lavándola en la sangre del Cordero. Hasta que eso sucede, usted puede ir a un sacerdote que le dé absoluciones, pero eso solo ha enterrado su conciencia debajo de un poco de religión. Si usted quiere quedar de verdad justificado para con Dios, debe confesar todos sus pecados.

Un amigo me contó que había confesado sus pecados muchas veces y que había recibido absoluciones. Pero antes de que él pudiera quedar convertido, Dios tenía que perdonarlo por completo otra vez. Eso es lo que él me dijo. Una persona sabe con seguridad cuando todos sus pecados están lavados y perdonados. Todos tenemos dentro de nosotros una voz que nos aprueba o desaprueba. Y cuando la voz nos dice con claridad: "¡Paz!", y tenemos la "aspiración de una buena conciencia hacia Dios" (1 P. 3:21), nos podemos levantar y saber que todo está bien para con Dios. Nadie en el mundo puede entonces desanimarnos. Esa es la clase de conversión en la que creo. Esa es la clase de perdón que predico. Es una transacción dentro del espíritu humano.

Crecí en el campo. Aprendí que cuando llega el tiempo de encubar los huevos, hacíamos bien en no intentar ayudar en el proceso. El pollito que había sido ayudado en su proceso de nacimiento podía ser reconocido de inmediato. Era débil y caminaba tambaleándose. Eso es lo que hacemos con los penitentes que están intentando tener una buena relación con Dios. Creyentes con buena intención se arrodillan al lado del pecador que busca a Dios, buscan en su Biblia un versículo y se lo leen y oran hasta que ven alguna pequeña señal de vida. Luego, como anhelantes comadronas en la granja, sacan a los penitentes de sus cascarones, los secan, escriben sus nombres como convertidos, y luego se sorprenden de que no se desarrollan. Pero cuando el Espíritu Santo lleva a los penitentes al nuevo nacimiento, salen al mundo saludables y cantando. Sus pecados han quedado perdonados y sus cargas han sido aliviadas.

## Una observación

Termino este capítulo con una última observación. Puede resultar fatal silenciar la voz interna, la voz de la conciencia humana. Algunos la silencian, por ejemplo, cuando esa voz protesta con energía ante el hábito humano de la mentira. Puede clamar elocuentemente ante el hábito de la insinceridad, por causa de la envidia, los celos o por algún otro pecado.

Es siempre peligroso resistirse a la conciencia, ignorar su voz interior. Deje que el Señor le hable a su espíritu, a lo más íntimo y profundo de su ser. Dentro de usted hay una conciencia que no puede apoyarse en nadie, que no puede compartir la culpa con nadie, una conciencia que lo señala a usted, que lo aísla, y le dice: "¡Tú eres el hombre!" "¡Tú eres la mujer!". Es la voz que le lleva a inclinar la cabeza y salir de puntillas cuando nadie lo está observando.

Estoy agradecido por la conciencia humana. Si no hubiera conciencia y no hubiera voz de Dios en el mundo, todos nos convertiríamos en bestias en muy poco tiempo. Todos nos degeneraríamos moralmente. Sobre el infierno, donde ya no se oye la voz y donde ya no existe la conciencia, leemos que se ha escrito: "El que es injusto, sea injusto todavía; y el que es inmundo, sea inmundo todavía" (Ap. 22:11). Si esa voz interna le está hablando, el predicador interno que no predica a una multitud, sino solo al alma individual, ¡responda!

CAPÍTULO

6

# "Vosotros sois de vuestro padre el diablo"

Vivimos en un tiempo en el que es difícil encontrar una persona genuinamente sincera. La mayoría de las personas están tan atrapadas en la clase de sociedad en la que vivimos que andan siempre fingiendo, siempre aparentando. Nunca dejan ver lo que realmente son hasta que se enojan y explotan, y cuando lo hacen, entonces comienzan a actuar con naturalidad. Aparecen tal como son. Es triste, y más bien lamentable, que la única vez que podemos ver a un ciudadano, hombre o mujer, que no finge es cuando está enojado.

No hubo fingimiento, ni preparativos para efectos dramáticos, ni pretensiones de hacer creer, en el encuentro entre Jesús y sus declarados enemigos que encontramos en Juan 8. Jesús se enfrentó directamente con estos fariseos y otros líderes que querían matarlo:

> Vosotros sois de vuestro padre el diablo, y los deseos de vuestro padre queréis hacer. El ha sido homicida desde el principio, y no ha permanecido en la verdad, porque no hay verdad en él. Cuando habla mentira, de suyo habla; porque es mentiroso, y padre de mentira. Y a mí, porque digo la verdad, no me creéis. ¿Quién de vosotros me redarguye de pecado? Pues si digo la verdad, ¿por qué vosotros no me creéis? El que es de Dios, las palabras de Dios oye; por esto no las oís vosotros, porque no sois de Dios (Jn. 8:44-47).

La atmósfera era la de un campo de batalla. Casi podemos escuchar el zumbido de las balas, la hostilidad, la animosidad y la amargura. Oímos las palabras firmes, serenas y severas de Jesús, y oímos también los ataques cargados de enojo, vehemencia e insultos de los que eran sus enemigos. Estos hombres estaban fuera de sí; habían dejado de fingir y se les había caído la máscara. Actuaban con naturalidad, mostrando lo que de verdad tenían por dentro.

Esto no era acción teatral preparada para una exhibición. Era una verdadera batalla, y las batallas auténticas no tienen lugar en un teatro. Esto era una guerra, y detrás de ella vemos fuerzas invisibles. Eran los espíritus siniestros y malignos de las tinieblas los que animaban a aquellos que habían cometido el pecado imperdonable de oponerse al Espíritu Santo que les estaba respondiendo a través de la boca de Cristo Jesús. Todos actuaban con mucha seriedad. ¡Eran espíritus en conflicto! La vida y la muerte estaban presentes en la escena, ¡y también el destino y la eternidad! El cielo y la tierra se encontraron allí, reflejados en las palabras intercambiadas entre Jesús y estos hombres despiadados.

**Un mensaje santo**

En realidad lo que nuestro Señor tenía que decirles era santo, pues procedía de un corazón santo. Salía de un corazón que más tarde moriría por cada uno de los individuos a los que dirigía la palabra. No obstante, debido a la seria naturaleza de su incredulidad, nuestro Señor tuvo que espetarlos con la punta de su lanza. Los volteó y los mostró para que todas las edades pudieran verlos.

Siempre nos vamos a encontrar con los que razonan diciendo que Jesús pudo haber negociado, que debiera haber intentado tener una mejor relación con los fariseos y líderes judíos. Los humanos debiéramos darnos cuenta de algo muy maravilloso y muy diferente acerca del Señor Jesucristo. Él era genuinamente lo que era, y nunca fue ninguna otra cosa que lo que fue. Él podía haberse relacionado mejor de lo que se relacionó con las personas, si hubiera querido. No tenía que haber puesto sal a las heridas, pero lo hizo. No perdió su dominio propio, pero nunca dio un paso atrás.

Tampoco dijo nada de lo cual tuviera que arrepentirse más tarde. Podemos notar que nuestro Señor nunca tuvo que disculparse. Siempre dijo exactamente lo que quería decir, y siempre con la correcta proporción de amonestación o amor o compasión. Si hacer eso hubiera sido su ministerio, Él podía haber negociado con ellos y haberse relacionado mejor. Pero trazó la línea clara y dijo enérgicamente: "El que no es conmigo, contra mí es" (Mt. 12:30). No dejó ningún área abierta a la duda y confusión. En el reino de Dios no habrá tinieblas y en el infierno no habrá luz. Jesús trazó con absoluta claridad la línea entre las tinieblas del infierno y la luz de cielo. No trató de combinarlos en una neblina de componendas.

En nuestro día, las iglesias están tratado de ofrecer un compromiso así entre el cielo y el infierno. Algunos pastores sienten que este es el camino para relacionarse bien con las personas y mejorar las relaciones públicas de la iglesia. Con sinceridad, a nuestro Señor le hubieran suspendido en relaciones públicas en una prueba como esa. Las personas le habrían dado una calificación de deficiente. Habría fallado por completo en algo así porque Él estaba trabajando en el área de la verdad; y la verdad es verdad, nunca tiene que preocuparse acerca de la imagen. La verdad nunca se preocupa del efecto que va a producir, acerca de quién la va a odiar o quién la va a aceptar. Nunca se preocupa de lo que puede perder o de lo que puede ganar.

## Jesús es la verdad encarnada

Nuestro Señor era la verdad encarnada, y eso explica todos los conflictos y toda la animosidad. Quizás Él podía haber retrocedido y haber dicho lo mismo de una forma más amable, con menos fuerza. Entonces no habría habido una línea bien trazada. Si hubiera hecho eso, habría agradado a los que prefieren ver el cielo y el infierno unidos de la mano, paseando amigablemente por la calle y diciendo: "Si no podemos estar de acuerdo, al menos no estemos en desacuerdo".

Pienso que se trata de un asunto diferente cuando estamos preocupados solo con opiniones en cuestiones que no son espirituales ni morales. Si es solo una cuestión de gusto, lo apropiado es decir: "¡Si no estamos de acuerdo, no permitamos que esto nos divida!". Pero cuando los asuntos tienen que ver con convicciones espirituales, el hombre que se disculpa es un cobarde. En el caso de Jesús y sus enemigos, no eran cuestiones de gusto, de etiqueta, de agrado o de arte. Estaban tratando con cuestiones espirituales y eternas. De modo que Jesús se vio obligado a decirles: "Vosotros sois de vuestro padre el diablo" (Jn. 8:44).

Los fariseos le habían dicho: "Tú das testimonio acerca de ti mismo; tu testimonio no es verdadero" (Jn. 8:13).

A lo que Jesús respondió: "Ni a mí me conocéis, ni a mi Padre; si a mí me conocieseis, también a mi Padre conoceríais" (8:19).

Los fariseos dijeron: "Nuestro padre es Abraham".

Jesús les respondió: "Si fueseis hijos de Abraham, las obras de Abraham haríais" (8:39).

Jesús tomó cada una de las palabras que dijeron y las volvió contra ellos con calmada severidad, espetándoles con ellas. Les atravesó el cuerpo con la lanza. Los levantó y los volteó para que los vieran todos en los siglos venideros.

Algunos todavía preguntan: "¿Por qué hizo eso?". Pues porque estos individuos con los que hablaba eran unos farsantes morales. En la superficie, su profesión religiosa era hermética. Probablemente nunca ha habido un grupo religioso en ninguna parte que estuviera tan cerrado a toda prueba. Obsérvelos. Abraham era su padre. Podían trazar su árbol genealógico hasta las raíces de Abraham. Las tablas genealógicas que tanto significaban para los judíos quedaron destruidas cuando Tito entró en Jerusalén, pero hasta ese momento, los judíos podían ir y comprobar con esas tablas para conocer su tribu y antepasados. Sabían exactamente a qué familia pertenecían.

Contaban también, por supuesto, con el templo y el Lugar sagrado y los rollos de la ley. Tenían el servicio sacerdotal cuidadosamente entrelazado, y todos ellos sabían que eran el pueblo elegido de Dios. Sabían todo eso, eran capaces de probarlo. Su profesión religiosa era impecable.

**La luz revela los defectos**

Pero ahora la luz de Dios los estaba alumbrando. La luz que alumbra a cada ser humano se enfocaba ahora directamente sobre las cuidadosas pretensiones de estos hombres, sus profesiones religiosas, sus padres, sus sinagogas, sus afirmaciones, sus pactos.

Jesús los enfrenta de forma franca y directa con tres declaraciones. Todo aquel que ha estudiado los elementos básicos de la lógica reconocerá la secuencia: la premisa principal, la secundaria y la conclusión.

Jesús les dijo: "El que es de Dios, las palabras de Dios oye" (8:47). Les recuerda: "Por eso no las oís vosotros". Eso les deja con una sola conclusión: "No sois de Dios".

Los fariseos y líderes religiosos aceptarían sin reservas y con rapidez la premisa principal: "El que es de Dios, las palabras de Dios oye". Pero luego se enfrentaban a la situación de que en realidad estaban rechazando las palabras de Dios. Esto no solo resulta lógico, sino que es una prueba fiel para cualquier hombre o mujer sobre si es de Dios. ¿Está él o ella dispuesto a escuchar la Palabra de Dios?

Déjenme decirles que escuchar la Palabra de Dios en el sentido bíblico del término rara vez significa, si es que alguna, escucharla en el sentido que podíamos escuchar un concierto musical. Miles de personas escuchan buenos conciertos con regularidad, pero ellas solo oyen. Eso no tiene ningún efecto *moral* sobre ellas. Disfrutan de oír la música, pero el hacerlo no las hace ni mejores ni peores. Pero oír la Palabra de Dios significa oírla con simpatía, prestarle atención y obedecerla. La persona que es de Dios escucha la Palabra de Dios con simpatía. Le presta atención, la considera y la obedece. Hace lo que la Palabra de Dios manda. Si una persona no hace estas cosas, es evidente que él o ella no es de Dios. Si los hombres a los que Jesús había hablado con tanta severidad hubieran sido de verdad de Dios, ellos habrían escuchado y obedecido a la verdad. Habrían estado haciendo lo que es recto. Se habrían mantenido en la verdad. Pero no lo hicieron.

Eso nos facilita el plantear un axioma para su consideración: Los humanos "hacemos lo que somos". Es una declaración que no puede ser refutada. En otras palabras, si nos abrimos y dejamos ver lo que llevamos por dentro, eliminando todas las pretensiones, y vivimos en base a los deseos que tenemos por dentro, lo que realmente somos saldrá al exterior. Básicamente, lo que aparecc revelado es lo que somos, y lo que hacemos manifiesta lo que somos por dentro.

**Lo que somos por dentro es lo que cuenta**

Esa es una verdad evidente, y eso es lo que en realidad estaba diciendo el Señor Jesucristo. Lo que somos es más importante que lo que hacemos. Lo que hacemos es solo un síntoma de lo que somos. Considere, por ejemplo, el asunto del temperamento. ¡Siempre andamos buscando una nueva estratagema para encubrir el mal genio! Usted no lee en ninguna parte que un hombre perdió el control. Se suele decir, que se disgustó. Nunca se lee acerca de una mujer que se le escapó el genio. En su lugar se dice que la "sacaron de quicio". Pero esas expresiones por lo general significan que esa persona se descontroló, perdió los estribos, se volvió loca. Es una condición espiritual, del corazón, no es una condición emocional.

Cuando las personas sonríen y mueven la cabeza en señal de aprobación cuando predico, esa no es la verdadera persona. Lo más probable es que esos sean movimientos reflejos condicionados. Pero cuando esos mismos individuos tienen una explosión de su temperamento, ese es su verdadero ser interior. Lo que hacen que sale de su interior, que es fruto de sus apetitos, de la explosión de su temperamento, eso es lo que realmente son.

Esas naturalezas humanas explotaban a menudo alrededor de Jesús como bombas. El Señor en realidad les estaba diciendo a los fariseos y a otros judíos: "Todas esas explosiones de odio y malicia demuestran lo que sois. Si fuerais de Dios no haríais esas cosas. Estaríais oyendo y cumpliendo la Palabra de Dios. ¡Pero estáis haciendo lo que de verdad sois, y lo que hacéis demuestra lo que sois!".

En este momento tenemos que preguntarnos: "Si esto ha sido cierto a lo largo de los siglos, ¿no ha habido intentos para cambiar la naturaleza y la sociedad humana?". Sí, la humanidad ha intentado de muchas maneras mejorar la naturaleza humana. Por ejemplo, hemos tratado de hacerlo con la educación. Yo creo en la educación y en el entrenamiento. La intención de la educación es procurar hacernos mejores ciudadanos. El entrenamiento condiciona nuestros reflejos con el fin de que nos comportemos con pautas determinadas. Pero ni la educación ni la capacitación pueden proveernos de una nueva naturaleza.

El toro que podemos ver en una hacienda es un animal domesticado, pero de vez en cuando se pone furioso. Sin previo aviso, algo lo incita y le hace explotar. Agacha la cabeza y comienza a escarbar y a bramar. Cualquier desafortunado que se encuentre en el campo cuando eso sucede tendrá que echar a correr y subirse a un árbol o saltar una cerca a prueba de toros enloquecidos para evitar que lo atraviese con sus cuernos. ¿Qué ha ocurrido? Pues que el toro se ha encolerizado y se ha olvidado por completo de siglos de domesticación. Debajo de la domesticación todavía sigue viva su vieja naturaleza de bestia salvaje; es decir, su naturaleza no ha cambiado.

**La naturaleza humana no es predecible**

Una vez que al toro se le ha pasado aquel momento de furia, probablemente se sentirá muy avergonzado y seguirá mansamente a su amo hasta el corral. Pero el campesino no sabe cuándo le va a entrar al toro otro arranque de furia, porque está tratando con un toro, con un animal domesticado a través de un largo proceso de condicionamiento, pero que es todavía un animal salvaje.

Y los humanos no somos muy diferentes. Leí acerca de un hombre con seis años de formación y capacitación universitaria. Pero un día se enfureció, explotó y mató a su esposa. Nunca crean que son solo los pobres, sin educación y sin privilegios, los que cometen crímenes violentos. Sucede también en las altas esferas de la sociedad. Se necesita algo más que educación para cambiar la naturaleza de los seres humanos. La educación puede proporcionarnos cierto dominio y grado de control, pero deje que estas personas actúen conforme a lo que de verdad llevan por dentro y pronto se va a enterar de lo que realmente son.

La sociedad tiene otra manera de intentar cambiar a las personas. Es por medio de la ley. También estoy a favor de la ley. Pero tomemos, por ejemplo, la tendencia a la avaricia. Avaricia significa desear vehemente una cosa, como el amor al dinero, y está presente en la mayoría de las personas. Si la persona es avariciosa, nada en el mundo le apartará de ese deseo. No hay suficiente agua en el río Ganges ni en ningún otro río capaz de lavarla de esa tendencia. Ni todo el jabón de un supermercado le quitará esa avaricia.

Los legisladores saben que si los avariciosos anduvieran sueltos en la sociedad, no tendrían ningún reparo en entrar en las casas de los demás, o en robar de cualquier otra manera. De modo que los legisladores cambian avaricia por robo. Efectivamente, están diciendo: "Si usted expresa esa avaricia que tiene, eso es robo". Por tanto, las personas se dominan a sí mismas lo mejor que pueden porque han sido condicionadas por la sociedad para que no expresen la avaricia que llevan por dentro. A menudo no sospechamos de estas personas porque están bajo el control de la ley. Pero, no obstante, la avaricia sigue allí. Son todavía seres avariciosos. Tienen avaricia en su corazón. Lo ocultan y lo reprimen porque tan pronto como se expresa cambia de color. Se convierte en robo y la ley las mete en la cárcel.

**El odio es otro ejemplo**

Consideremos otro ejemplo: el odio. No hay ley en contra del odio, siempre y cuando permanezca encerrado dentro de la persona. Nunca se podría demostrar el odio en un tribunal. No serviría para nada que los legisladores decretaran que las personas podrían ser multadas o encarceladas por odiar a alguien. El acusado podría estar tan lleno de odio como el mismo Satanás, pero si él o ella sabe sonreír de forma agradable y simpática cuando está declarado, el jurado daría un veredicto de "no culpable".

No, no hay leyes eficaces en contra del odio. De manera que los legisladores aprueban leyes con el fin de prevenir que las personas *expresen* su odio. Los que lo expresan, mediante asalto, lesiones, homicidio o asesinato, son castigados. Estos castigos tienen el propósito de mantener el odio dentro de la persona y que no salga de ahí. Usamos la educación y las leyes para apagar las llamas un poco, pero la vieja naturaleza adánica está todavía allí.

Volvamos a la confrontación entre Jesús y los líderes judíos. Jesús les estaba diciendo a sus enemigos: "¿Veis ese fuego? El fuego de los viejos pecados sigue ardiendo. La educación y la ley os han domesticado, pero sois como vuestro padre el diablo. Tenéis intenciones asesinas en vuestro corazón, y queréis matarme". Y Cristo Jesús demostró que tenía la razón, porque ellos no tardarían en matarlo.

Trate a fondo con la raza humana y pronto se dará cuenta de que somos la suma de nuestros pensamientos consentidos. Nuestro Señor Jesucristo nos dio una ilustración de eso que hemos dicho. Jesús no era solo un gran maestro y un gran teólogo, sino que era también un gran filósofo. Sabía por qué las cosas eran verdad. Cuando citaba las Escrituras, Él dijo por qué decían lo que afirmaban. Esa es, en mi opinión, la única clase de enseñanza bíblica válida.

Jesús dijo: “Pero yo os digo que cualquiera que mira a una mujer para codiciarla, ya adulteró con ella en su corazón” (Mt. 5:28). Eso es consentir mediante el pensamiento. Si piensa en el acto consintiendo, usted lo ha llevado a cabo, y si lo ha hecho, usted ha hecho lo que de verdad es.

Cuando Jesús dijo a los que acusaban a la mujer pillada en el acto de adulterio: “El que de vosotros esté sin pecado sea el primero en arrojar la piedra contra ella” (Jn. 8:7), cada uno de aquellos hombres examinó su propio corazón. Cada uno de ellos recordó los pensamientos que había consentido en su mente. Cada uno se vio culpable y uno a uno se fueron marchando. Sabían muy bien que ninguno de ellos podía atreverse a apedrear a aquella mujer. De acuerdo con la ley de Moisés, la mujer debería morir si los acusadores eran hombres santos, pero no hubo ni uno que se atreviera a agacharse para recoger una piedra, y Jesús lo sabía. Todos ellos comenzaron a escabullirse, avergonzados y mortificados.

### Las personas son lo que admiran

Esa es una ilustración del pensamiento que consiente. Cada persona es en realidad lo que él o ella admiran en secreto. Si puedo averiguar lo que admira, sabré lo que usted es, porque las personas son aquello que piensan cuando son libres para pensar acerca de lo que quieren.

Ahora bien, hay momentos en la vida cuando nos vemos forzados a pensar acerca de cosas que no nos preocupan en absoluto. Todos tenemos que pensar acerca de los impuestos, aunque las declaraciones de la renta no es algo sobre lo que queremos pensar. Pero la ley nos obliga a pensar en ello cada año y podrá ver que le llegan en el correo los documentos que le recuerdan que debe hacerlo, pero ese no es el verdadero yo. Es el Ministro de Hacienda el que dice desde la capital del país: “¡No se olvide de ello!”. Puedo asegurarle que no consentimos en ello voluntariamente. Pero si usted puede enterarse de lo que pienso sobre las cosas cuando me siento libre para pensar lo que quiero pensar, conocerá mi verdadero yo. Eso es cierto de cada uno de nosotros.

Su bautismo, su nombre en la lista de miembros de la iglesia y la Biblia que lleva bajo el brazo, no son las cosas que le importan a Dios. Usted puede entrenar a un chimpancé para que lleve una Biblia. Todos nosotros somos la suma de lo que admiramos en secreto, de lo que pensamos en nuestra intimidad y de lo que más nos gustaría hacer si fuéramos libres para hacer lo que quisiéramos.

Consideremos el hombre de negocios que trabaja duro en su tarea. Puede que esté soñando con hacer alguna otra cosa, pero las circunstancias lo fuerzan a estar en esa posición. Su esposa tiene algo que decir acerca de todo ello. Él está sujeto a esa tarea, pero dentro de su ser sueña con lo que haría si se sintiera libre para hacerlo.

No hay ninguna duda de que muchos seres humanos han sido domados como se hace con los animales domésticos. Muchos esposos han aprendido a decir: "Sí, mi amor; sí, mi amor". ¡Pero estoy seguro de que le gustaría escuchar lo que le dice al gato cuando su esposa no está presente! A veces sale a la calle lleno de enojo, amargura y rencor, pero en casa lo oculta porque ha sido entrenado por su esposa.

**¿Hay esperanza?**

La mansedumbre y la obediencia no expresan su verdadero yo. Lo que piensa cuando está solo, ese es su verdadero yo. Lo que siente interiormente acerca de las cosas, eso es lo que él es. Sí, somos ciertamente aquello que pensamos, somos lo que son nuestros instintos e impulsos. La educación y la ley no son suficientes para transformar nuestra naturaleza. Muchos han clamado con desesperación: "¿Hay esperanza? ¿Hay alguna forma mediante la cual puedo llegar a ser diferente? ¿Es que no hay ninguna manera mediante la cual se puede cambiar y mejorar la naturaleza humana?".

Quizás usted está razonando profundamente dentro de su propio ser, y está dispuesto a admitir: "Señor Tozer, usted está desgarrando mi corazón. Yo sé que todo esto que dice es cierto. Admito la lógica de lo que dice y reconozco que no puede presentarme limpio delante de Dios. Conozco y reconozco lo que he hecho; sé lo que he estado pensando. Recuerdo claramente las cosas que más admiro y quiero, y todo ello indica que no soy bueno. Le pregunto, señor Tozer, ¿hay alguna manera mediante la que yo puedo llegar a ser diferente de lo que soy? Porque tengo odio en mi corazón, ¿estoy condenado al infierno donde el odio tiene que ir?".

¡Gracias a Dios hay esperanza! Hay otro camino, porque Cristo Jesús nos ofrece ayuda. Su Palabra nos dice que podemos adquirir nuevos instintos, nuevos deseos y apetitos.

La ayuda que Él promete no está basada en nuestro condicionamiento religioso. El Señor Jesucristo no está hablando de aplicar psicología religiosa. Está en realidad hablando, y nos promete, un depósito biológico completamente diferente. Está prometiendo algo completamente nuevo dentro de nuestro espíritu humano, de modo que cuando hacemos lo que queremos deseamos hacer lo que es recto y bueno. La bendita verdad es esta: La persona que quiere hacer lo que es recto y lo hace porque él o ella quiere hacerlo esa es una buena persona.

El Salvador, Cristo Jesús, nos ofrece el remedio. Nos dice que hay esperanza para la persona avariciosa. Dios puede quitar la avaricia del corazón y hacer que la persona sea generosa al extremo. Dice que hay esperanza para la persona de temperamento violento. Dios puede transformar ese mal genio y darle una dirección santa.

Hay esperanza para la persona celosa. Dios puede eliminar ese celo enfermizo y poner en su lugar un celo santo por lo que es mejor y más elevado. Dios puede darnos a cada uno unos instintos nuevos, nuevos deseos morales y una nueva inclinación moral de manera que podamos hacer lo que es recto porque nosotros ya vivimos rectamente. Esto es lo que dice la Palabra de Dios. Esto es lo que promete el evangelio. Este es el llamamiento de Cristo Jesús a todos los que están listos para seguirlo y ser discípulos verdaderos.

## El evangelio es más que una fórmula

Demasiado a menudo reducimos la invitación del evangelio a una fórmula. "Haga esto, haga lo otro. ¿Cree usted en Jesús? Entonces tome este tratado y todo irá bien". Eso puede que sea el comienzo del cristianismo, pero ciertamente no es la suma del evangelio.

¿Qué dice la Biblia acerca del verdadero cristianismo? Nos dice que si estamos dispuestos a dar entrada a Cristo en nuestro corazón, a seguirlo y dejar que Él sea el Señor en todas las áreas de nuestra vida, Él nos limpiará de todo pecado. Quitará la amargura y pondrá su amor, quitará la avaricia y pondrá generosidad. Quitará el odio y pondrá la paz en su lugar. Eso es lo que el cristianismo enseña y promete.

Los enemigos de Jesús estaban perfectamente seguros de que estaban en lo correcto porque creían en las cosas correctas. Podían haberse unido a algunas de nuestras iglesias fundamentalistas que preguntan: "¿Cree usted en la Biblia? ¿Cree usted que es la Palabra inspirada de Dios?". Los fariseos afirmaban creer en las cosas correctas. Parecían ser relativamente justos y estar limpios, pero había odio en el corazón de cada uno de ellos.

Somos lo que hacemos. Y si lo que hacemos demuestra que estamos equivocados, entonces el resultado es vivir en constante desesperación y buscar la ayuda que necesitamos. Gracias a Dios nadie tiene que entregarse a la desesperación, pues hay ayuda. Cristo Jesús vino para ayudar. Vino para transformar nuestra naturaleza. Vino para cambiar nuestros hábitos de pecado. Vino para deshacerlo y conquistarlos.

Usted dice: "He recibido a Cristo. Creo en el evangelio. Creo que estoy justificado por la fe. Creo que tengo paz con Dios por medio de Cristo Jesús, mi Señor". Usted puede decir todas esas cosas, pero ¿se ha detenido alguna vez a pensar que puede que todo eso sea solo llevar la cuenta de lo que creemos? Eso no es otra cosa que contabilidad religiosa.

Digo: "Creo que estoy justificado. Nada me puede separar de Dios". Eso es como repetir de forma mecánica el Credo de los apóstoles como hacen a menudo algunos que se llaman cristianos sin detenerse a pensar en lo que significa e implica.

¿Cómo sabe usted que realmente cree y que sus palabras no son vanas repeticiones de algo aprendido? ¿Ha habido algún cambio en su vida, en sus deseos e instintos? Usted puede afirmar que cree todas esas cosas, pero si no está haciendo lo que es recto y viviendo de forma recta y deseando hacer lo recto, usted no está bien con Dios.

¿Ha habido en su vida algún cambio? ¿Se ve una gran diferencia en su vida desde que se entregó a Cristo? ¿Tiene usted esa nueva naturaleza que evidencia que es una nueva persona, diferente de como era antes de recibir a Cristo? Cristo quiere hacer que usted sea lo que puede y debe ser. Quiere hacerlo nuevo y diferente. Quiere hacerlo diferente en el interior de su ser, darle una mente que funcione con limpieza y rectitud, que ya no funcione en los canales antiguos.

Él espera que usted tenga el deseo y la disposición de entregarle el control completo de su vida.

CAPÍTULO

7

# Seamos testigos eficaces de Cristo

Vamos ahora a considerar lo que significa ser un testigo cristiano eficaz mediante el examen de Juan 4 que nos presenta el encuentro de Jesús con la mujer samaritana junto al pozo de Jacob.

En la actualidad hay entre nosotros muchos testimonios cristianos ineficaces. Estoy seguro de que mucho de ese esfuerzo es bien intencionado, sincero y honrado. Hacemos lo mejor que podemos con lo que tenemos. Pero nuestra actuación resulta al final como la de aquel vendedor que promocionaba plumas estilográficas. Trataba de hacer una buena presentación, pero sus compradores en perspectiva sabían que él realmente pensaba que los bolígrafos eran mucho más prácticos.

Muchos de nuestros testimonios cristianos son poco convincentes porque *nosotros* no estamos convencidos. Somos ineficaces porque todavía no nos hemos entregado al Señor Jesucristo. Es como el prosélito haciendo prosélitos.

No me gusta admitirlo, pero en la mayoría de los casos algunos cristianos dan la impresión de ser personas muy tristes. No manifiestan la felicidad que se supone deben demostrar, y esa es la razón por la que el testimonio de cada una de esas personas es vacilante e ineficaz. Ya no se ve el brillo en sus ojos ni el resplandor en su rostro. Su testimonio ya no es chispeante y contagioso.

Quizás esto sucede porque estamos tratando de planificar cómo debieran suceder las cosas. Cada uno de nosotros lee un pequeño libro acerca de cómo dar testimonio. Tratamos de hacerlo en la manera en la que nos han enseñado; pero es mecánico y sin nada que lo haga contagioso. Si los ángeles pueden llorar deben estar llorando a lágrima viva al ver a un prosélito que nunca ha tenido un encuentro transformador con el Señor hacer otro prosélito que nunca tampoco va a tener un encuentro con el Señor.

La mujer samaritana se encontró con nuestro Señor en el pozo. El relato que nos hace Juan de lo que sucedió dentro de su alma y el testimonio espontáneo y contagioso que siguió es rico en lecciones espirituales para cada uno de nosotros.

Resulta muy interesante observar en el relato bíblico cómo Jesús llevó rápidamente a esta mujer a una conversación acerca de la adoración. Con la misma rapidez, la mujer habló de su creencia de que cuando viniera el Mesías Él explicaría todas las cosas.

**Jesús anuncia su identidad**

"Yo soy, el que habla contigo", le dijo Jesús a la mujer (4:26). Ella había llegado al pozo, procedente de la ciudad de Samaria, con su cántaro para el agua puesto sobre la cabeza. Había sostenido una conversación con el hombre más fuera de lo común que jamás se había encontrado: "Un judío que le había pedido que le diera de beber". Ahora iba corriendo de regreso a la ciudad, dejando su cántaro en el pozo, para dar la noticia: "Venid, ved a un hombre que me ha dicho todo cuanto he hecho. ¿No será este el Cristo?" (4:29).

Queremos descubrir, si podemos, por qué el Señor eligió dar a conocer el gran y santo secreto de que era el Mesías a esta mujer samaritana. ¿Por qué estuvo dispuesto a revelar mucho más acerca de sí mismo en aquel escenario que lo que había hecho en otros encuentros a lo largo de todo su ministerio? Le habló a una mujer acerca del significado de su persona, su vida y su ministerio, y a una que no había sido el mejor ejemplo de mujer.

¿Por qué haría esto? Alrededor de Jerusalén había numerosos sacerdotes con todas las credenciales necesarias cuyos orígenes podían rastrearse hasta el mismo Aarón. Había muchos escribas: hombres sabios elegidos para copiar las Escrituras y para enseñar su significado. Estaban los abogados, especialistas bien entrenados en la ley de Moisés. Habían personas religiosas por todas partes, pues Israel era una nación muy religiosa. Si usted y yo lo hubiéramos tenido que hacer, nunca hubiéramos elegido a esta mujer con un pasado tan dudoso como el receptáculo para un secreto santo. Ella recibió una revelación divina superior a todo lo que antes se había hecho y semejante a todo lo hecho hasta el momento de la resurrección de Cristo.

No sé todas las razones del Salvador para elegir a esta mujer que encontró junto al pozo. Sí sé que la revelación de sí mismo a ella constituyó una eterna censura del fariseísmo humano. Sé que toda mujer engreída consigo misma que va por la calle rebosante de su orgullo y posición debiera sentirse avergonzada de sí misma. Sé que todo hombre engreído de sí mismo que se mira al espejo cada mañana para afeitar lo que él cree que es un rostro sincero debiera estar avergonzado de sí mismo.

Los sacerdotes en su orden, los rabíes en sus cátedras, los escribas en sus escritorios y los abogados en sus bufetes fueron pasados por alto, y a esta mujer le fue dado a conocer el santo secreto. ¡El secreto de que Jesús era el Cristo, el Mesías, el secreto de la naturaleza de Dios y el secreto de la verdadera naturaleza de la adoración divina!

**Jesús vio la potencialidad**

Jesús fue capaz de ver la potencialidad de la samaritana en el pozo que nosotros jamás hubiéramos percibido. ¡Qué maravilla y bendición que Cristo nunca piensa en lo que hemos sido! ¡Él siempre piensa en lo que vamos a ser! Usted y yo somos esclavos del tiempo y del espacio, de los registros y reputaciones, de la publicidad y del pasado, todo eso que solemos llamar los antecedentes. Cristo Jesús no se interesa para nada en los antecedentes morales de nadie. Lo perdona y comienza desde allí como si la persona acabara de nacer en ese momento.

La mujer con la habló Jesús había llevado la clase de vida que la familiarizaba con los hombres de Samaria. Probablemente estaba más familiarizada con los hombres de Samaria que con las mujeres. No obstante, nuestro Señor no la avergonzó ni tampoco la denunció. Los cristianos tienen una gran reputación de estar entre los grandes denunciadores. Lo curioso acerca de esto es: ¡Ellos a menudo denuncian a los que Cristo recibe con los brazos abiertos y reciben a los que el Señor denuncia! Así es como algunos individuos carnales e inmorales se meten en nuestras iglesias.

Ese es el peligro de que los prosélitos hagan más prosélitos. Es posible para las personas tener alguna forma de experiencia religiosa externa que los inmuniza para el nuevo nacimiento. Debido a que piensan que ya han nacido de nuevo, se meten en una situación en la que nunca nacerán de nuevo. Los prosélitos nunca estuvieron "dentro"; por consiguiente, tampoco requieren que sus prosélitos estén "dentro". De manera que es posible que iglesias completas estén compuestas solo de prosélitos; es decir, ecos de hechos y reflejos de reflejos, nunca la luz verdadera que brilla.

Creo que es un ejercicio beneficioso pensar en algunas de las razones por las que Jesús se reveló a la mujer en el pozo. Había una serie de cosas que estaban a su favor.

Una era su *necesidad consciente.* Hay algunas cosas que no siempre siguen, nunca son las mismas y les falta uniformidad. Pero siempre hay uniformidad en esta área: para que una persona reciba algo de parte de Dios debe tener una necesidad consciente, un sentido consciente y vital de que le falta algo.

La mujer samaritana se dio cuenta de su necesidad. Ella nunca se defendió, porque estaba en gran necesidad, y fue muy sincera acerca de ello. No hay duda de que había escuchado muchos razonamientos religiosos en Samaria y que sabía muy bien cómo evadirse. Hizo todo lo que pudo para quitarse la presión de encima a medida que el Señor hurgaba en su conciencia. Pero cuando se dio cuenta de que no había escapatoria, se rindió y fue completamente sincera en cuanto a su vida y problemas.

## Su franqueza impresionó a Jesús

La franqueza, humildad y entusiasmo de la mujer apeló al Señor Jesús a medida que hablaban de la necesidad de la humanidad y de la verdadera adoración a Dios por medio del Espíritu Santo. Jesús se sintió atraído por su cálido entusiasmo y por su franqueza acerca de su consciente necesidad. De manera que se dio a conocer, abriendo su propio ser a la mujer, dándole a conocer el secreto que no había revelado a nadie más y que solo dio a conocer a unos pocos en los días siguientes. Cuando la mujer habló del Mesías y de su venida, y Jesús respondió: "Yo soy, el que habla contigo", la revelación entró a su propia alma. La luz de Dios penetró en las sombras de su pasado, y allí dentro de ella, comenzó a brillar. Ella se vio tan reconfortada en su ser que se sintió impulsada a echar a correr y contarlo a las personas de su comunidad.

Jesús aceptó la situación porque había aceptado a la mujer. No puedo pensar en ningún concilio de iglesia en ninguna parte que hubiera aceptado a aquella clase de mujer. Me parece que las mujeres de las iglesias en sus reuniones hubieran puesto ojos de espanto y hubieran emitido sonidos muy curiosos con la lengua. Pero nuestro Señor aceptó la situación porque Él siempre comienza como si no hubiera habido un pasado. Además, ¡Él hace todas las cosas nuevas!

Podemos beneficiarnos también si notamos el *fervor* y la *validez* de la respuesta de la mujer. No niego que esta mujer tuviera todavía un largo camino que recorrer en su experiencia y desarrollo espiritual. Pero Jesús indicó la disposición de Dios para aceptar el testimonio ingenuo de un testigo sincero y cándido, aunque puede que sea imperfecto y limitado.

La mujer tenía algo muy favorable a su favor: había tenido un encuentro con aquel ser único llamado el Mesías. Su corazón había entrado en contacto con la revelación de la persona y la voluntad de Dios en Cristo, y el resultado fue un trauma emocional en su propia vida y voluntad.

Por otro lado, confieso que no sé qué hacer con aquellos maestros cristianos que le tienen temor a la emoción. En la actualidad, decimos que las personas están muy emocionales cuando realmente queremos decir que están neuróticas, que se encuentran descontroladas, que lloran por nada y que se ríen por nada, se deprimen por nada. Personas así son sencillamente casos mentales. Hemos tomado la palabra *emocional* y la hemos aplicado a esas situaciones. Pero no estoy de acuerdo. Eso no es emoción. Eso es una condición mental, y los que la padecen necesitan oración y descanso.

## La emoción es un sentimiento interno

Cuando uso la palabra *emoción* aquí, me estoy refiriendo a los sentimientos internos de la persona, y no me avergüenzo de usarla en ese sentido. En realidad prefiero la expresión usada tan a menudo por Jonathan Edwards. Él se refiere a nuestros "afectos religiosos". Me pregunto por qué nadie recupera esa expresión para nuestro tiempo. Jonathan Edwards podía demostrar a algunos de nuestros cristianos rígidos y congelados que los "afectos religiosos" y las emociones espirituales de nuestro tiempo son la misma cosa. Hay demasiados que solo atienden al texto y a la teología y están temerosos de la emoción.

Así, pues, la mujer samaritana había pasado a través de una confrontación. Su corazón había entrado en un contacto vital con el corazón de Cristo Jesús, y el resultado fue una experiencia espiritual que ella nunca olvidaría. Dios había intervenido en su vida y no nos sorprende que ella echara a correr sin acordarse de su cántaro. Probablemente no sabía por qué, pero ella estaba ansiosa de ir y comunicar las buenas noticias que le habían llegado por medio del Mesías. Esto en realidad no fue una gran noticia en aquel tiempo. El Señor sabía eso, pero ella no. Pero sí tenía el brillo de una revelación.

Notemos también lo siguiente acerca de la sinceridad de la historia de la mujer y de sus acciones: no fueron una imitación, no fueron formales y, lo mejor de todo, es que no fueron programadas. Aborrezco de verdad esa fea palabra de *¡programado!* Ahora tenemos que anunciar que el culto de adoración está "programado" con el fin de que haya el mínimo de predicación y el máximo de entretenimiento y disfrute. Lo que quiero decir es esto: Si esta mujer hubiera estado "programada", no habría habido ningún avivamiento en Samaria.

Ellos no programaron a esta mujer. No podían. Tenía demasiado brío y gozo en su alma. No estaba involucrada en nada formal. Salió saltando y corriendo con tanta rapidez como podía. Nadie planificó el testimonio para ella (¡gracias a Dios que así fue!). Algunas veces me han pedido que me reúna con un grupo u otro para "planificar un avivamiento". Planificar un avivamiento es como intentar planificar un relámpago. Hasta la fecha nadie lo ha podido hacer, y nadie nunca de verdad "planifica" o "programa" un auténtico avivamiento.

El Señor Dios Todopoderoso hace un mundo y nadie lo "planifica". Cuando Él resucita a los muertos, nadie lo "planifica". Y déjeme decirle esto, cuando Dios resucita a los muertos nunca aparece como el quinto punto o asunto en el "programa". De eso puede estar bien seguro.

**Programados para la apatía**

En nuestras iglesias nos hemos programado a nosotros mismos bastante bien en una condición que habla de apatía y ausencia de vida. Piense en esta mujer corriendo para testificar de las buenas noticias que rebosaban en su alma. Si alguien hubiera tratado de detenerla tomándola de sus vestidos mientras corría y le hubiera dicho: "Hermana, estamos contentos de ver la nueva luz que brilla en su rostro y nos gustaría tenerla la tercera en el programa", ella hubiera muerto junto con aquellos escribas, otros samaritanos y el resto. Pero ella siguió saltando y corriendo, deseosa de dar a conocer la nueva revelación que había venido a su corazón. Quería decirles a los hombres que había conocido, que había encontrado al Maestro, aquel que le había dicho todo lo que había hecho y conocido en su vida.

Eso ha sido una exageración, por supuesto. Pero usted sabe que cuando está lleno de algo y comienza a hablar sobre ello, muy a menudo su boca es más pequeña que su corazón, y viene como resultado la exageración. Ahora lo llamamos hipérbole, que es la palabra culta para exageración.

También podemos decir esto acerca de la mujer: *era contagiosa*. Ella no tenía que hacer convertidos. ¡Conocieron el evangelio por medio de ella!

¿Se ha preguntado alguna vez acerca de los resultados que ella produjo con su entrecortado testimonio? Los hombres de Samaria escucharon la historia y se lanzaron a buscar al hombre del que ella hablaba. Supongo que habría algo de curiosidad involucrada en esto, y quizás algo de aventura religiosa, pero evidente eso no era todo. Estos samaritanos, movidos por la mujer, salieron y encontraron a Jesús y lo llevaron a la ciudad. Le vieron y lo escucharon. Se convencieron y creyeron. Dieron testimonio diciendo: "Ya no creemos solamente por tu dicho, porque nosotros mismos hemos oído, y sabemos que verdaderamente éste es el Salvador del mundo, el Cristo" (4:42).

Lo que comenzó en la sombra había salido ahora a plena

luz. El testimonio de la mujer cuya verdadera vida acababa de comenzar llevó a aquellos hombres a Dios. Ellos encontraron por sí mismos la verdad que no puede descansar en el testimonio de otra persona. Tratar de entrar en el cielo en base a la experiencia religiosa de otro es como intentar engordar con lo que otra persona come. Un testimonio por sí mismo no lo convierte a usted. El testimonio de la mujer sirvió para llevar a sus paisanos samaritanos a Cristo, pero cuando ellos creyeron en Él, dijeron en efecto: "Ahora creemos por nosotros mismos, ya no necesitamos tu testimonio".

## Un testimonio cristiano no puede salvar a nadie

Así, pues, esta es la gloria del testimonio cristiano. Sirve para estimular a los hombres y mujeres a que salgan al encuentro de aquel acerca del cual han escuchado el testimonio. Un testimonio cristiano no es una experiencia espiritual para la otra persona. El testimonio cristiano nunca salva por sí mismo a nadie. Un testimonio cristiano es una confesión sincera de lo que el Señor ha hecho por nosotros que puede animar a otros a ir y hacer lo mismo: encontrar al mismo Señor y su salvación.

Debo confesar que nunca en toda mi vida he sido bendecido por un culto de testimonio planificado. En nuestra iglesia hemos disfrutado de la visita de muchos grupos musicales. En el curso del concierto una persona dice: "Ahora les daremos nuestro testimonio". Todos saben con antelación quién va a hablar y qué tienen que decir. Yo estoy sentado allí más frío que un pepinillo en vinagre. No puedo encontrar nada dentro de mí que responda a esa clase de testimonio.

Pero déjeme decirle la clase de testimonio que de verdad me conmueve. Un domingo por la noche, alrededor de las 11:30, mi teléfono suena. Una voz emocionada me llega por la línea y me dice: "Pastor Tozer, tenía que llamarlo y decirle algo que no podía dejar hasta mañana. ¡He nacido de nuevo esta noche! Como usted sabe, he estado muchas veces en su iglesia con mi esposa que es cristiana. Ella ha estado orando por mí. Aunque yo pensaba que era un hombre convertido, nunca de verdad lo había sido hasta esta noche. Después del culto entré en una experiencia espiritual con Cristo Jesús y ahora *sé* que he nacido de nuevo".

Conocía a aquel hombre como una persona callada y tranquila. ¡No tenía ni idea de que pudiera emocionarse tanto! Está abriendo su alma como un evangelista. Tiene un testimonio. Había tenido un encuentro con Dios. Me está diciendo lo que el Señor ha hecho por él. Está dispuesto a admitir que todas su anteriores experiencias religiosas habían sido solo preliminares. Ahora él *sabe,* y puede decirle a su esposa: "¡María, ahora lo sé por mí mismo!"

Pero si usted trata de planificar la expresión espiritual de una persona y programar su felicidad, el testimonio comenzará muerto y terminará peor que muerto.

**Unas pocas conclusiones**

Saquemos ahora unas pocas conclusiones de este relato y busquemos aplicarlas a nuestro día.

Primera, *Cristo todavía sigue recibiendo a pecadores,* aun a los grandes pecadores. No importa cuál sea la reputación de las personas, Jesús los recibe si ellos están dispuestos a acudir a Él.

En el tiempo de Jesús, los que observaban dijeron con burla: "Este a los pecadores recibe, y con ellos come" (Lc. 15:2). Decían la verdad. Él vivió, murió y resucitó para demostrarlo y para probar su derecho a justificar a todos los que acuden a Él en fe.

Uno de los antiguos filósofos devocionales alemanes adoptó la posición de que Dios ama perdonar grandes pecados más que los pequeños, porque cuanto más grande es el pecado tanta más gloria se acumula para su gloria a causa de su perdón. Recuerdo que el escritor continuaba diciendo que no solo Dios perdona grandes pecados y disfruta en hacerlo, sino que, tan pronto como los ha perdonado, los olvida y confía en la persona como si él o ella nunca hubieran pecado. Yo también creo que Dios no solo perdona los grandes pecados con tanta disposición como los pequeños, sino que una vez que los ha perdonado Él comienza de nuevo con aquella persona y nunca saca a relucir otra vez los antiguos pecados.

Tenemos que ser conscientes del hecho de que el perdón humano no es siempre como el de Dios. Cuando una persona comete un error y tiene que ser perdonada, la sombra puede colgar sobre él o ella porque resulta difícil para otras personas el olvidar. Pero cuando Dios perdona, Él comienza el nuevo capítulo en ese mismo momento, y entonces Satanás se presenta y dice:

—¿Qué hay acerca del pasado de esta persona?

A lo que Dios contesta:

—¿Qué pasado? No hay pasado. Comenzamos de nuevo cuando vino a mí y yo la perdoné.

Esa clase de aceptación y perdón con Dios depende de la disposición de la persona de conservar abierta para Dios y la luz de cielo la parte superior de su alma. Quizás usted esté cavilando acerca de mi expresión "la parte superior del alma", pero creo que está de acuerdo con la enseñanza de la Biblia y ciertamente en conformidad con la experiencia cristiana. La parte superior del alma está abierta para Dios en la vida de algunas personas y no en la de otras.

A sabiendas de que me arriesgo a despertar algo de controversia sobre las implicaciones de la elección y la predestinación, vamos a examinar las respuestas de dos hombres del Antiguo Testamento.

**Los ejemplos de Jacob y Esaú**

Jacob fue un hombre retorcido. Su mismo nombre significa "suplantador", uno que gana a otro a traición. No era un hombre confiable y las personas hacían bien en cuidar de su bolso cuando él estaba cerca. Pero por alguna razón él conservó la parte superior de su alma abierta, había allí una pequeña ventana que estaba abierta hacia Dios. Esaú, su hermano, tiene mucho más en él que se pueda elogiar. Era menos obstinado, más franco y sociable, era más tierno de corazón (lloró sobre el hombro de su hermano cuando podía haberlo matado). En todos los sentidos, Esaú era por naturaleza mejor hombre que Jacob. Pero en Esaú no había ventana abierta hacia Dios. Fue Jacob, el hombre retorcido, el que se encontró con Dios y se convirtió en Israel, "príncipe de Dios", porque la parte superior de su alma estaba abierta para Dios.

Eso mismo sucedió con la mujer de Samaria. Ella no había vivido una vida moral; pero había una parte vulnerable en su alma, una ventana hacia Dios que estaba abierta y a través de la cual la luz de Dios podía penetrar.

Debiéramos saber también algo más. *Una nueva vida tiene que nacer dentro de nosotros,* y esa nueva vida no nacerá hasta que no tengamos una colisión con Cristo. Debe ser una auténtica colisión. Como pecadores, nuestra voluntad tiene que ser derrotada en la cruz. Tenemos que ser derribados hasta el polvo. Es un encuentro que siempre recordaremos y al que miraremos con gozo al ir creciendo en nuestra fe. Durante un momento crítico nuestra alma y el corazón de Dios se enfrentaron en un conflicto violento, pero Dios ganó, y nosotros nos rendimos, diciendo: "¡Hágase tu voluntad!".

Esa clase de enfrentamiento espiritual, esta clase de encuentro del alma con Dios, nos trae la frescura de un nacimiento, la belleza de un amanecer, la claridad de una revelación.

No seamos culpables de tener una religión de segunda mano, o de que estamos "programados" en nuestra religión. Nos han enseñado a aceptar lo que los demás nos dicen. Como resultado, no nos esforzamos por conocer a Dios por nosotros mismos. A la persona que hay que sacarla del cascarón, que hay que guiarla mediante líneas rojas y azules bajo los versículos de la Biblia, que hay que instarla y empujarla para que entre el reino de Dios nunca en realidad entra en él. Debe haber una revelación en el corazón. Debe haber un encuentro con Cristo. Debe haber una atracción repentina entre el alma y Cristo Jesús, el Señor.

Si nuestros niveles fueran más elevados, si proclamáramos la verdad del arrepentimiento genuino, ¿suena eso a religión radical? Eso debería ser la norma, lo común. El Señor nos ha dicho que el poder debe venir a nuestra vida. Que tenemos que experimentar la presencia, la revelación de Dios para creer en Cristo Jesús, su Hijo. Esto no es radical. Lo otro es lo que es anormal: la falta de vida, la carencia de poder, la inseguridad.

Gracias Dios por cada persona que puede decir: "Sí, me encontré con Dios y lo conozco personalmente. Hemos tenido la colisión. Él ganó y yo perdí. Y, no obstante, yo gané porque soy salvo. Mi vieja voluntad fue derribada. Mi vieja osadía y agresividad quedaron eliminadas. Cristo Jesús vino y tomó el control. ¡Ahora ya no vivo yo, sino que Él vive en mí!".

Si usted no ha tenido esa clase de experiencia, acuda a Dios con sencillez, con franqueza, con hambre y con necesidad consciente. Vaya a Él tal cual es, sin demora, y el Señor Jesucristo lo recibirá y le perdonará. Usted también puede decir: "¡He escuchado esto por años, pero ahora lo sé, porque conozco por mí mismo que Jesús es el Cristo, el Hijo del Dios viviente, el Salvador del mundo!".

CAPÍTULO

8

# El mundo es un desierto moral

El hombre enviado por Dios cuyo nombre era Juan merece ser escuchado. Lo que dijo acerca de sí mismo y acerca del Señor Jesucristo es de una importancia vital y permanente. Si afirmamos ser estudiantes de las Escrituras proféticas, debemos tener muy en cuenta la manera en la que Cristo respondió a los que acudieron a Él para verificar su testimonio y compararlo con una lista corta de posibles identidades.

> Confesó, y no negó, sino confesó: Yo no soy el Cristo. Y le preguntaron: ¿Qué pues? ¿Eres tú Elías? Dijo: No soy. ¿Eres tú el profeta? Y respondió: No. Le dijeron: ¿Pues quién eres? para que demos respuesta a los que nos enviaron. ¿Qué dices de ti mismo? Dijo: Yo soy la voz de uno que clama en el desierto: Enderezad el camino del Señor, como dijo el profeta Isaías (Jn. 1:20-23).

Los "judíos de Jerusalén", quienes supuestamente conocían bien todas las Escrituras proféticas, no pudieron identificar a Juan el Bautista. No era que las Escrituras no hubieran anticipado su venida. Los judíos no lo reconocieron porque habían puesto su ficha de identificación en el fichero equivocado.

No quiero distraerlo de la enseñanza principal de lo que tengo que decir, pero déjeme que haga una pausa para plantear algunas preguntas acerca de nuestra propia cuidadosa enseñanza de la profecía bíblica. Me pregunto cuántas fichas tendremos mal archivadas. ¿Cuánto nos hemos perdido del plan de Dios? ¿Cuántos eventos puede que haya en el programa de Dios acerca de los cuales no hemos ni siquiera pensado ni orado?

Las respuestas de Juan a sus preguntas agotaron completamente su lista de personas esperadas. Puede que también tuvieran trazados en una cuadro profético las semejanzas de los tres profetas que andaban buscando. Puede que entonces hubieran entonado con solemnidad que ellos tenían la última palabra de Dios sobre el asunto.

Juan no se anduvo con rodeos en cuanto a estos maestros. "He sido anunciado claramente en las Escrituras", les dijo. "Isaías habló de mí, y vosotros habéis pasado por alto su palabra. No encajo en vuestro plan porque queréis que las cosas sucedan como os gustan a vosotros. Queréis un profeta con un estilo fiero e indómito como el de Elías. Por supuesto, queréis que venga el Cristo, el rey de Israel, pero según vuestras condiciones. Vosotros no tenéis lugar en vuestras expectativas para alguien que os pueda perturbar moralmente. Queréis que Dios conforme sus propósitos e intenciones a vuestras pautas religiosas, a vuestras tradiciones religiosas".

**Juan era una voz nueva**

Cuando Juan vino predicando en el desierto, fue capaz de atraer a una gran multitud. No había habido profeta en Israel por los últimos cuatrocientos años. No había habido voz de Dios, ni inspiración. Estaban solo los rabíes relatando lo que otros habían visto y oído. Estos rabíes eran los guardianes de la teología. Aunque ellos declaraban fielmente lo que otros habían escuchado de parte de Dios, ellos mismos no habían visto a Dios ni lo habían oído.

Estos rabíes se quedaron turbados cuando Juan llegó. Como guardianes de la ortodoxia se sintieron turbados por la apariencia de un hombre que no encajaba en su molde. Cuando fueron a investigar para saber si este era el que esperaban, delataron la esterilidad de su trasfondo escatológico.

Si algo tan triste como esto puede ser divertido, es casi divertido considerar con cuanta rapidez se les agotó a estos guardianes de la verdad profética la lista de los esperados. Preguntaron: "¿Eres tú el Cristo?". Y la respuesta de Juan fue rápida y brusca: "¡No!".

"Está bien, entonces, ¿eres tú Elías?". Juan de nuevo respondió no. "Entonces, ¿eres tú el profeta?". "¡No!".

Así, pues, allí estaba Juan el Bautista, viviendo en el

desierto, consiguiendo una gran atención pública; pero él confesó que no era el Cristo, ni tampoco Elías o el profeta. Por eso los maestros le dijeron a Juan que él no encajaba, que no tenían un lugar para alguien como él en su esquema escatológico. Juan representaba un reto para sus tradiciones y para su deseo de perpetuar el statu quo ("statu quo": estado o situación de las cosas en un momento determinado).

Era como si Juan les hubiera dicho: "Vosotros queréis que Dios os justifique. Queréis que Dios os apruebe a vosotros y la estrechez de vuestra visión. No podéis permitir que venga un profeta o que se escuche una voz que os perturbe. Queréis que os dejen tranquilos, pero yo he venido a llamaros a la justicia. Yo soy la voz de uno que clama en el desierto, diciendo: "Enderezad el camino del Señor".

**El *desierto* era más que un lugar**

La palabra *desierto* como Juan la usa aquí no tiene el mismo significado que tenía cuando Juan estaba todavía en el desierto antes de su manifestación a Israel. Allí *desierto* significaba una parcela de terreno identificable y que una persona podía señalar en un mapa. Pero aquí, como sucede a menudo en la Biblia, después de un uso literal de la palabra, sigue un uso figurado de la misma palabra. Veamos una ilustración. Jesús dijo a la mujer samaritana cuando se vieron junto al pozo: "Dame de beber". Y luego la conversación fue de agua a agua. Después de que ambos habían hablado acerca del agua literal en el pozo, Jesús dijo: "Yo te daré agua viva". Cristo eleva la expectativa de la mujer de agua física a agua espiritual.

Juan creció en un desierto literal, y ahora dice: "Yo soy la voz de uno que clama en el desierto". Evidentemente, esta es una fuerte figura de lenguaje, y su sentido no está confinado al terreno estéril donde Juan había vivido. Se refiere a la condición moral de Israel, porque Juan no estaba hablando acerca de botánica o zoología, sino que estaba hablando acerca de moralidad y religión. De manera que pasó directamente del concepto de tiempo/espacio de la palabra desierto a las consideraciones morales y espirituales de Israel.

Pensemos en algunas de las penosas características de un desierto. Primera, hay un desorden visible. Vaya a un parque

que está bien trazado y cuidado y encontrará orden; por el contrario, vaya a un desierto y encontrará desorden.

Luego, es *terreno baldío.* Pueden haber grandes secciones en las que solo hay rocas y arena, son estériles, sin hierba, excepto algunos arbustos y pequeños árboles aquí y allá.

Resulta difícil encontrar propósito en el desierto. Se puede ir en automóvil por zonas del suroeste de los Estados Unidos de Norteamérica y notar la terrible desolación del desierto. Recuerdo una vez que vi una solitaria y vieja vaca, a la que se le veían claramente las costillas, parada cerca de la carretera. Me pregunté cómo podría vivir allí con tan escasa hierba y agua. Allí estaba la pobre con su piel apergaminada sosteniendo sus huesos juntos como podía. En algunas áreas desérticas del oeste estadounidense, las personas bromean diciendo que cuando Dios hizo el mundo, se encontró que le sobraba un gran camión de residuos y dijo a un ángel: "¡Bah, échalo ahí!". Lo dicen para recalcar la falta de propósito, de significado, de un área de verdad desértica.

Está también la parte *salvaje,* la cualidad indomable del desierto. Nadie parece obedecer ninguna ley en el desierto. Los animales no acuden cuando usted silba. Tampoco se tumban y se voltean cuando usted habla. Debido a que la vida en el desierto es salvaje, hay confusión y desorden, desperdicio y carencia de propósito. Juan tenía todo esto en mente; conocía el desierto y lo conocía bien. Él les dijo: "Esto es lo que veo en Israel. ¡Dios me envió para deciros lo que veo en Israel!".

**Eso sucede también aquí hoy**

En nuestra generación aquí y ahora, hay actitudes y formas de funcionar que los hombres y mujeres piadosos debieran ser capaces de reconocer los síntomas. Quizás usted esté pensando que me estoy haciendo viejo y ya me están saliendo grietas en mi vieja cúpula. Pero creo que sé de lo que estoy hablando. Estoy viendo algo acerca de los tiempos y de la iglesia cristiana, y confío que habrá otros que también vean lo mismo, y se levanten para hacer algo acerca de ello.

Juan vio y sintió lo que los líderes religiosos de Israel no podían percibir para nada. Vio lo que los fieles guardianes de la ortodoxia nunca soñaron que pudiera ser verdad. Ellos se veían a sí mismos en una luz y Dios los veía en otra muy distinta. Juan los veía a la manera en la que Dios lo hacía. Juan y Dios estaban en lo correcto, y los tradicionalistas estaban equivocados. De manera que Juan levantó su voz por Dios y por la verdad en aquel desierto.

No tendría ningún valor ni beneficio dedicar tiempo en esto si solo estuviéramos atacando al Israel del primer siglo de la era cristiana e irritar nuestra justa alma con la conducta de aquellos fariseos, escribas y levitas que hace tanto que murieron. Pero se da una condición presente de desierto, una condición que es comparable a la de Israel en el tiempo de Juan. Equivale a esto: Aunque vivimos en la civilización más adelantada del mundo, hemos sido traicionados por nuestros maestros, ¡trágica y cruelmente traicionados por nuestros maestros!

Hace años, nuestros maestros nos dijeron que el mundo estaba mejorando (dudé en usar ese gastado cliché). Nos dijeron: "Sin duda alguna el mundo está haciéndose cada vez mejor". Mencionaron las pruebas: "Somos capaces de curar la rabia y controlar la diabetes y otras enfermedades. Podemos hacer muchas cosas que nunca antes habíamos sido capaces de hacer".

Pero había una falacia en su proposición. Ellos supusieron que debido a que nos habíamos convertido en brillantes fabricantes de juguetes, habíamos llegado también a ser fabricantes de juguetes moralmente buenos. Es cierto que hemos inventado, desarrollado y descubierto toda clase de nuevos y brillantes juguetes. Podemos extender la mano al cielo, echar mano del zigzagueante rayo, introducirlo en una caja y usar su gran poder eléctrico mediante cables. Hemos aprendido a transmitir la voz humana a grandes distancias, al principio solo mediante cables, pero ahora sin cables. Podemos enviar la voz humana a cualquier parte, incluso al espacio exterior.

Hace unas pocas generaciones los juguetes eran bastante sencillos. Un niño se las ingeniaba para hacerse un juguete con unas tablas y ruedas. Una niña preparaba una muñeca para su hermana pequeña con un calcetín que ya no usaban, lo rellenaba con paños de algodón y luego le pintaba una cara y ya estaba hecha la muñeca. Hoy hemos dejado atrás esa forma simple de divertirse. Vivimos en un tiempo de asombrosas maravillas electrónicas y tecnológicas. De luz artificial en vez de velas, de transportación supersónica en vez de carros tirados por bueyes. Instantáneas comunicaciones mundiales en vez de correos a pie o a caballo. En consecuencia, nuestros maestros han llegado a la conclusión de que debemos estar mejor porque conocemos mucho más.

Pero hay una pequeña cosa que ellos han pasado por alto en su preocupación con nuestra maravillosa nueva habilidad para tomar las fuerzas de la naturaleza, dominarlas y usarlas. Nuestro avance científico e intelectual no ha ido acompañado de un progreso moral equivalente. Al mismo tiempo que nuestros sueños de fabricantes de juguetes se hacían realidad, en muchos de esos mismos lugares, aparecían los más terribles y espantosos, increíblemente crueles y malvados estados de cosas, desde los tiempos de Noé. Hemos sabido de cámaras de gas, masacres, purgas, campos de concentración, muertes masivas por hambre, brutalidades, marchas de la muerte, y mucho de este profundo desprecio por la vida humana ha tenido lugar exactamente en las mismas áreas donde nuestros avances científicos eran cultivados. La tecnología, en vez de hacernos moralmente mejores, ha ido acompañada de un tiempo de desintegración moral.

No me citen como diciendo que la ciencia nos ha hecho malos; pero sí digo que la ciencia *no nos ha hecho mejores* y a veces nos ha hecho peores. Atila, rey de los hunos, Gengis Kan y todos los crueles tiranos del pasado salen favorecidos en la comparación con los fríos asesinos científicos de nuestra propia generación. Y las características del desierto han invadido otras esferas además de estas.

Me gustaría decir algo acerca de la degradación de la mujer en nuestro tiempo. Probablemente no va a servir de mucho, porque nadie cree en ello, y decirlo es como silbar al viento. A la degradación de la mujer en todas partes del mundo civilizado en este siglo se le ha hecho la vista gorda, se le ha excusado o nos hemos burlado de ello. Pero delante del tribunal de Dios no va a ser asunto de risa.

Eso no es más irrisorio que tener gangrena. Si un hombre tiene gangrena en su pierna y puede conseguir que haya suficientes personas que se lo glorifiquen y le paguen por exhibirlo, escribir libros y poemas y cantar himnos acerca de ello, puede que sea capaz de llegar a glorificar la gangrena. Pero eso no va a cambiar la naturaleza de ese mal. Todavía lo matará. A menos que los médicos corten ese veneno por completo, lo matará. Nunca podrá aceptar ni se pondrá de acuerdo con la gangrena.

## Gangrena espiritual

Esa ilustración nos sirve bien en la esfera espiritual. Cuando violamos las leyes de Dios y contaminamos las raíces más puras de la raza, cuando dejamos que se introduzca esa contaminación moral en nuestro razonamiento, y escribimos libros y comedias acerca de ello y lo honramos, cuando nos andamos con componendas en este asunto y luego excusamos y justificamos nuestros arreglos, estamos glorificando algo que con el tiempo nos matará.

No estoy seguro de que vayamos a ver ningún cambio, arrepentimiento o repugnancia en contra de este mal moral que nos invade hasta que el juicio caiga sobre nosotros. Confío que sí, pero no lo sé. No le echo toda la culpa a la juventud de nuestro tiempo. No estoy aquí para abusar de los jóvenes y de sus actitudes. Lo crean o no, ¡yo también fui una vez joven!

Pero se ven algunos cambios muy preocupantes que están sucediendo a nuestro alrededor. Lo que era raro en toda la comunidad hace algunos años resulta común y corriente en la actualidad. Los gobernantes responsables, los agentes del orden público, los involucrados en las asociaciones de padres y maestros y otras agrupaciones similares se muestran muy preocupados por estas actitudes cambiantes que ahora manifiestan algunos segmentos de nuestra sociedad. Las drogas son una plaga, los matrimonios se deshacen y parece que lo único que sabemos hacer es bromear acerca de semejantes tragedias.

Nunca ha habido un tiempo en la sociedad humana cuando las personas fueran buenas, pero sí ha habido momentos cuando las masas se han sentido avergonzadas de ser malas. Ahora nos hemos degenerado hasta el punto de hacer chistes y bromear de nuestros escándalos y malos caminos. Cuando la filosofía moral de toda una generación es tan baja que las personas se pueden pavonear de su maldad y corrupción, y acabar siendo celebradas en las primeras páginas de los periódicos, entonces Dios no va a retener su mano por más tiempo. Nos vamos a corromper por dentro. Cuando decimos que esto es el desierto, es porque los hechos aparecen con claridad ante nosotros. El desierto nos rodea por todas partes.

**La iglesia ha quedado infectada**

Si eso es todo lo que pudiéramos ver, diría: "¡Gracias Dios por una iglesia pura en medio de esta noche oscura! ¡Gracias Señor por una esposa pura de Cristo que hace brillar su luz en medio de la presente oscuridad!". Pero no puedo decir eso, porque no es verdad. La iglesia cristiana, en vez de flotar por encima de todo esto, libre, limpia y separada, se ve claramente que a este viejo barco le entra agua por todas sus rendijas. La iglesia y el mundo están tan entretejidos que resulta difícil distinguir uno del otro. El mundo tiene tan profunda influencia en la vida moral de la iglesia que los cristianos dicen que creen en Cristo y, no obstante, nunca se molestan para nada en cambiar su normas y actitudes morales.

Nos encontramos en la misma situación hoy que en el mundo del tiempo de Juan. Los líderes religiosos se defendían a sí mismos y sus tradiciones. Querían que los dejaran en paz. Querían que los aprobaran. No les gustaba que los perturbaran. Querían acudir al templo porque se "está muy bien y tranquilos allí". Querían ir al templo para sentirse bien. Pero en todo lo que les rodeaba prevalecían las condiciones del desierto.

Aquellos líderes cobardes convertían a algunos, pero era a las maneras vanas y sin propósito moral de la época. Ahora predicamos el evangelio, decimos, y llevamos a las personas a la conversión, pero nosotros también los convertimos a las condiciones del desierto. Hacemos convertidos a la inutilidad y vaciedad de una iglesia comprometida con el mundo. No sé si Dios levantará a otro Juan el Bautista antes de la segunda venida de nuestro Señor. Si Él decide hacerlo, una de las primeras cosas que la iglesia experimentará es que estará turbada, profundamente turbada. ¡Quizás incluso enojada!

Al evaluar la iglesia de la que soy pastor, la sinceridad y

honradez requieren que diga que, comparado con la iglesia promedio, es una buena iglesia. La gran mayoría de sus miembros son personas buenas y morales. Podrían dirigir en la oración si se les pidiera hacerlo. Muchos de ellos podrían encaminar a una persona a encontrarse con Cristo. Contribuyen generosamente a las misiones y a otras causas nobles. Pero aun en mi propia congregación, ¡hay mucho desorden!

En comparación con lo que la iglesia debiera ser, ¡cuánto desorden hay en nuestra vida, desorden espiritual en nuestra vida y corazón! ¡Cuánto terreno baldío hay dentro de nosotros! Hay pérdida de los dones vitales de Dios, pérdida de habilidades de vida y tiempo. El desierto se caracteriza por pérdida de terreno que queda baldío. Y los espacios que han quedado devastados ya no son buenos para Dios ni para el hombre.

Posiblemente usted tenga que admitir que la condición que acabo de describir describe también su propia vida. Puede que su corazón sea más como un desierto que como un jardín, más como el desierto que se extiende más allá del Jordán que como el jardín de Dios. Muy pocas cosas crecen en el desierto y ninguna de ellas madura de verdad. Si hay algún fruto es pobre y escaso. Si hay algo de trigo es muy pequeño e inferior debido a la pobreza del terreno.

Le pregunto: ¿qué tendrá usted para mostrarle al Señor como su servicio? ¡Cuán trágico es para un creyente haber nacido de nuevo y, no obstante, no tener ningún fruto que mostrar como resultado de su fe! ¡Qué trágico vivir la vida sin haber hecho nada en realidad por Cristo Jesús!

CAPÍTULO

9

# La cuerda floja "espiritual o secular"

En el capítulo 6 del Evangelio de Juan, el apóstol nos deja constancia de uno de los dos momentos cuando Jesús alimentó milagrosamente a una multitud. Dos discípulos y un muchacho, cuyo nombre desconocemos, desempeñaron un papel en esta tremenda experiencia en Galilea: Felipe, un hombre con una calculadora. Andrés, un hombre con sugerencias, y un muchacho con un almuerzo que estaba dispuesto a compartir. Refresquemos nuestra memoria de este episodio:

> Cuando alzó Jesús los ojos, y vio que había venido a él gran multitud, dijo a Felipe: ¿De dónde compraremos pan para que coman éstos? Pero esto decía para probarle; porque él sabía lo que había de hacer. Felipe le respondió: Doscientos denarios de pan no bastarían para que cada uno de ellos tomase un poco. Uno de sus discípulos, Andrés, hermano de Simón Pedro, le dijo: Aquí está un muchacho, que tiene cinco panes de cebada y dos pececillos; mas ¿qué es esto para tantos? Entonces Jesús dijo: Haced recostar la gente. Y había mucha hierba en aquel lugar; y se recostaron como en número de cinco mil varones. Y tomó Jesús aquellos panes, y habiendo dado gracias, los repartió entre los discípulos, y los discípulos entre los que estaban recostados; asimismo de los peces, cuanto querían (Jn. 6:5-11).

Antes de esta multiplicación milagrosa de los panes y los peces, "subió Jesús a un monte, y se sentó allí con sus discípulos" (6:3). Ese hecho es digno de notarse. Parece claro que Jesús se retiró a propósito de la gran presión de las personas que lo habían estado siguiendo incesantemente.

Hay algunas cosas que usted y yo nunca aprenderemos cuando otros están presentes. Creo en la iglesia y amo el compañerismo de los hermanos. Hay mucho que podemos aprender cuando estamos juntos los domingos y nos sentamos entre los santos. Pero hay ciertas cosas que usted y yo nunca aprenderemos en presencia de otras personas.

Sin ninguna duda, parte de nuestro fracaso hoy es la actividad religiosa que no está precedida de soledad, de inactividad. Me refiero a estar a solas con Dios y esperar en silencio y quietud hasta que nos llenemos con el Espíritu de Dios, hasta que recarguemos nuestras baterías espirituales. Después, cuando actuemos, nuestra actividad servirá de algo porque hemos sido preparados por Dios para ello.

**¡Estemos seguros de que es la inactividad correcta!**

Los que entre nosotros practican la inactividad, por lo general no practican la clase de inactividad recomendada en la Biblia, la clase de quietud y de esperar en Dios que nuestro Señor practicaba. Parte de lo que vemos hoy no es otra cosa que pereza, y el Señor no tiene nada bueno que decir acerca de los vagos. No hay ni un solo texto en los sesenta y seis libros de la Biblia que diga algo amable de los haraganes. La inactividad que brota de la pereza no tiene lugar en la Biblia.

Está también la inactividad que surge del temor. Las personas que sienten temor de hacer alguna cosa, pensando que eliminan riesgos al no hacer nada. Piensan que si ellos simplemente se quedan inmóviles, tendrán menos riesgos de entrar en dificultades. Dios nunca aprueba esta clase de inactividad porque brota de una motivación no cristiana.

Otros están inactivos porque carecen de visión. Lo que sucede es que no saben qué hacer, ¡así que no hacen nada! Grandes secciones de la iglesia están en esa condición. Son personas que nunca han visto un camino y no saben dónde encontrar uno. Miran y no ven ninguna posibilidad, y por tanto, se quedan paradas.

Pero hay una inactividad que, paradójicamente, es la más elevada actividad que podemos emprender. Puede haber una suspensión de la actividad del cuerpo, como cuando nuestro Señor les dijo a sus discípulos: "Quedaos vosotros en la ciudad de Jerusalén, hasta que seáis investidos de poder desde lo alto" (Lc. 24:49). Ellos esperaron, y el Espíritu descendió sobre ellos con poder.

En el Antiguo Testamento, esperar en Dios quiere decir acudir a su presencia con expectación y esperar allí con inactividad física y espiritual. "Deja de pensar, cristiano turbado", escribió uno de los antiguos poetas. Hay un lugar donde la mente cesa en buscar su manera de hacer las cosas y se arroja a sí misma por completo a los pies de Dios. A medida que la gloria resplandeciente de Dios desciende sobre la vida que espera, le imparte una actividad.

¿Entiende usted lo que quiero decir cuando digo que podemos ir a Dios con una actividad que es inactiva? Vamos a Dios con un corazón que no actúa en el poder de la carne o de lo natural, tratando de hacer algo. Acudimos a Dios con una actitud de esperar. Eso significa que nuestro espíritu interno está viendo y oyendo y remontándose en alas de fe y esperanza, mientras que nuestro ser externo, la persona física, está inactiva e incluso la mente suspendida en cierto grado.

## Jesús reprendió una vez a una mujer demasiado activa

Sabemos que Jesús reprendió una vez a una mujer por ser demasiado activa. Era Marta de Betania. A veces tenemos la tendencia de añadirle a lo que el Señor en realidad dijo a Marta. Su amable reprensión ha sido una oportunidad para acumular abuso sobre la pobre mujer. Personalmente le doy gracias a Dios por las Martas del mundo. Por lo general alguien tiene que ocuparse de la cocina, de lavar los platos y de procurar que las cosas estén hechas. Sin las Martas, no estaríamos tan bien cuidados y alimentados. Deberíamos dejar que la amable reprensión del Señor sea suficiente sin añadir nada al escarmiento de Marta.

Pero notemos por el otro lado que María estaba allí simplemente sentada. Se usa aquí la misma palabra que Juan emplea para hablar de la inactividad de Jesús cuando subió al monte y se sentó allí con sus discípulos. María estaba simplemente sentada a los pies del Salvador, y el Señor reprendió a Marta por su nerviosa actividad. Creo que ella estaba llevando su actividad hasta ese punto en el que ya no hace ningún bien, y no lo compensó con una relajamiento espiritual interior.

En el caso relacionado con nuestro Señor, del que Juan nos informa, las personas acudieron a Jesús y Él estaba listo. Había estado en quietud y silencio. Se había sentado a solas con sus discípulos para meditar. Miró a su interior y esperó a que la plenitud de la vida divina descendiera del trono de Dios a su propia alma. Aquello fue como afinar las cuerdas del violín, como recargar las baterías. Se encontraba equilibrado y preparado para recibir a las personas.

Y las personas llegaron, una multitud de la humanidad que tres días antes había salido de los pueblos de alrededor de Galilea para seguir al Maestro. Algunas llevaban a sus niños y otras eran personas ancianas que no estaban físicamente fuertes para esta clase de marcha. Ahora, después de tres días de caminar, se les habían agotado los alimentos. Estaban en necesidad, pero allí no había lugar a donde ir y comprar algo para comer.

Fue en ese momento cuando el Señor le preguntó a Felipe: "¿De dónde compraremos pan para que coman éstos?". ¿Le dice a usted algo esa pregunta? A mí me dice que nuestro Señor estaba preocupado acerca del pan y del hambre natural de las personas.

No conozco ningún campamento de encuentros cristianos sin una cocina y un comedor. Nunca ha habido un Pentecostés que no tuviera un cocinero cerca para satisfacer las necesidades humanas de los santos llenos del Espíritu. Nuestro Señor sabe que somos seres humanos. Es bueno que sepamos que Él nos entiende y conoce nuestra necesidad de alimento.

## Nuestro cuerpo es una disciplina

Me he preguntado más de una vez por qué Dios nos dio un cuerpo y nos ató a él. He llegado a la conclusión que lo hizo más o menos como una disciplina. No sé para qué otra cosa puede ser. Emerson escribió que la naturaleza tenía una función para con los seres humanos, y es la de disciplinarlos.

Al menos ocasionalmente, nos vemos obligados a pensar de esa forma. El cuerpo a veces se descontrola un poco, y nos vemos en la necesidad de gastar tanto tiempo y energía cuidándolo como lo que dedicamos a cualquier otra cosa que hacemos. Me alegra que Dios lo sepa y lo entienda. Nos dio estas estructuras mortales y espera que las cuidemos. Vemos en este escenario que el Señor estaba preocupado porque las personas tuvieran algo para comer.

Nunca he creído en las grandes distinciones que algunos traten de hacer entre lo sagrado y lo secular. El comer puede ser tan religioso como el orar. Para mí es tan espiritual comer mi desayuno como disfrutar de nuestro tiempo de oraciones familiares. Cuando separamos nuestro desayuno de nuestras oraciones, estamos haciendo una división innecesaria. ¿Por qué tenemos que poner el comer en una categoría y luego disculparnos ante Él, diciendo: "Señor, lo siento muchísimo, pero Tú sabes que ahora tengo que comer. Pero estaré contigo tan pronto como termine; por favor, perdóname por tener que dedicar tiempo a comer"?

Es erróneo poner nuestras necesidades físicas en un lado y la oración, la alabanza, la ofrenda, leer la Biblia y testificar en el otro lado. ¿Cómo podemos decir: "Esto es espiritual" y "Esto otro es secular"? Lo que en realidad estamos haciendo es intentar caminar por una cuerda floja entre los dos: lo secular y lo espiritual, disculpándonos ante Dios cuando tenemos que dedicarnos por un poco de tiempo a alguna cosa "secular".

Pues bien, tengo un mejor camino que ese para vivir, y puedo decirle que el Señor Jesucristo nunca hizo esa distinción que tantos cristianos hacen. Dijo que Él era el Señor. Era Dios manifestado en carne, y preguntó: "¿De dónde compraremos pan para que coman éstos?". Luego cuando partió los panes y los discípulos los pasaron a la multitud, junto con los peces, ellos comieron, y aquel acto de comer fue tan espiritual como lo había sido la enseñanza impartida los días precedentes. La enseñanza y la comida eran ambas espirituales, y la oración que precedió a la comida fue tan espiritual, ni más ni menos, que la comida.

## El Señor de nuestro pan

Si usted puede entender y aceptar esto, significará mucho en su vida. El Señor es el Señor de nuestro pan, de nuestro comer, de bañarnos, de dormir, de vestirnos, de nuestro trabajo. Cuando trabajamos no necesitamos decir: "Tengo que trabajar ahora, pero procuraré dedicarte un poco de tiempo esta noche". Nuestro Señor está con nosotros santificando todo lo que hacemos, dando por supuesto que es honrado y bueno. Si su tarea es decente y respetable; el Señor lo bendecirá, y si el Señor está en usted, también estará en su trabajo.

Notemos que fue el Señor de la gloria el que dijo: "¿De dónde compraremos pan para que coman éstos?". Él mismo estaba preocupado con la necesidad de comida que tenían los que le seguían. Pero hizo que ese asunto fuera el problema de Felipe. Le honró permitiéndole participar en la solución.

Prediqué una vez un sermón en el que decía que el Señor era autosuficiente y que en realidad no nos necesitaba para nada. Eso les molestó a algunos oyentes, porque ellos pensaban que el Señor de verdad los necesitaba. Pensaban que si ellos dimitían o se jubilaban, el Señor se vería en serios problemas para encontrar a alguien que ocupara su lugar. ¡Qué visión tan pobre de Dios! ¿Se puede hincar de rodillas y clamar a un Dios que le necesita a usted? Yo no podría. Un Dios que me necesitara sería un Dios con grandes problemas. Dios no tiene necesidad de mí, y de usted tampoco. Puede que eso sea una píldora bien amarga de tragar, pues hemos llegado a creer que somos indispensables y que cuando desaparecemos es como si hubiera caído un gran árbol que deja un enorme vacío. Me temo que cuando algunos de nosotros morimos, es como la hierba que se come un saltamontes, que nadie se da cuenta de la diferencia.

Pero aquí tenemos a estas personas hambrientas y el Señor estaba dispuesto a alimentarlas. Lo importante es que Él no quería simplemente alimentarlos y terminar cuanto antes con el asunto. Quería que la bendición fluyera por todas partes como resultado de aquello. Por eso eligió a uno de sus discípulos, Felipe, diciendo para sí: Voy a poner a Felipe en esta tarea. *Voy a honrarlo permitiéndole que sea parte de este plan. Él me puede ayudar a solucionarlo, aunque en realidad no lo necesito para nada.*

De manera que Jesús animó a Felipe a que enfrentara y resolviera la situación junto con Él. Llamó su atención y lo puso en una situación difícil, con la intención de revelar a Felipe su propio vacío.

Nunca es una pérdida de tiempo el aprender que no conocemos todas las respuestas, y tampoco es nunca una pérdida de tiempo darnos cuenta de cuán poco tenemos. Es una victoria positiva para mí cuando aprendo las cosas que no puedo hacer, y sé las cosas que no tengo.

## El Señor puede llenar lo que está vacío

En realidad nuestros vasos no están llenos en estos días porque hacemos muy poco para vaciarlos. El Señor tuvo que vaciar a Felipe primero con el fin de poder llenarlo, porque Felipe estaba lleno de sus propias ideas. El Señor no puede llenar con su propia presencia aquello que ya está lleno con alguna otra cosa. Para ser franco, Felipe no desempeñó muy bien su cometido cuando Jesús le preguntó dónde podrían comprar pan para dar de comer a todas aquellas personas.

Felipe reveló el tipo de mente que es completamente terrenal, falto de inspiración e incapaz de inspirar. Echó mano de su calculadora, pulsó el botón de comenzar y se puso a trabajar. Por eso lo llamo "Felipe el calculador".

Las personas en la actualidad no reciben apodos como antes se acostumbraba. Antes se solía poner apodos a las personas en base de lo que eran. En mi niñez las personas se distinguían por sus apodos. Y si examina la historia descubrirá a hombres con nombres distinguidos, tales como Eric el Rojo o Alejandro Magno.

Aquí en el Nuevo Testamento encontramos a Felipe el calculador: Felipe el matemático o Felipe el oficinista. Allí se necesitaba un milagro y Felipe se puso a calcular las posibilidades. Probablemente cada grupo cristiano tenga al menos una persona con una calculadora. Me he sentado en reuniones de concilios y juntas directivas durante muchos años, y muy rara vez no hay una junta sin un "Felipe el calculador" entre sus miembros. Cuando usted sugiere alguna cosa, aparece el calculador para demostrar que no se puede hacer.

Antes de que nuestra iglesia en Chicago se trasladara a otro lugar, había una antigua lechería a un lado. Cuando comenzamos a hablar de edificar, aparecieron varios "Felipes" que dijeron: "¡No se puede hacer!". Y, por supuesto, ellos podían demostrarlo. Pero edificamos el templo a pesar de todo y pagamos todos los gastos en seis cortos años. Pero los "Felipes" decían: "¡No se puede hacer!", y contaban con sus calculadoras para demostrarlo.

Como dije, me he sentado en reuniones de juntas directivas por muchos años, y siempre he visto dos clases de miembros: "Los que son capaces de ver el milagro y los que solo pueden ver sus calculadoras y sus largas tiras de cálculos". Felipe se puso a trabajar con su calculadora. Sabía con cuánto dinero contaban los discípulos. Sabía cuánto costaba una pieza de pan. Conocía el número que formaba la multitud hambrienta.

**Un cien por cien negativo**

Felipe metió todas esas cifras en su calculadora y le salió la respuesta: "Doscientos denarios de pan no bastarían para que cada uno de ellos tomase un poco" (6:7). Felipe había hecho su contribución y fue cien por cien negativa. Si Jesús y los otros discípulos hubieran escuchado solo a Felipe, ellos y la multitud se hubieran muerto de hambre en el desierto. El glorioso milagro no habría sucedido.

Todo lo que usted tiene que hacer para destruir una iglesia es actuar y hablar como Felipe. Dejemos solo que las ovejas se dediquen a quejarse y la iglesia no tardará en morir. El poder de la sugestión será probablemente responsable del resto de la caída. Un miembro se encontrará con otro miembro y dirá: "La cosas no van muy bien en la iglesia, ¿verdad?". El otro responderá: "Es cierto, ¡qué pena me da!".

Otro miembro tropieza luego con el miembro número dos: "No parece que las cosas vayan bien en la iglesia", comenta. "Eso es lo que he estado escuchando", responde el número dos. Hace apenas cinco minutos que acaba de escucharlo de labios del miembro número uno. De forma que no tardando mucho se anda diciendo: "¿Has oído de qué se está hablando? Las cosas no van muy bien en la iglesia". En poco tiempo el cuento ha pasado a todos los miembros de la iglesia. Las personas con la calculadora han visto el problema, pero no han visto a Dios. Se han explicado la situación, pero no han pensado en poner a Dios en la misma.

"Felipe el calculador" puede ser un hombre peligroso en la iglesia de nuestro Señor Jesucristo. Toda sugerencia hecha en dirección al progreso consigue un voto negativo de parte de esta persona.

### El hombre con la sugerencia

Ahora llegamos al otro hombre, a Andrés. Este lo hizo un poco mejor que Felipe. Aportó una tímida sugerencia: "Aquí está un muchacho, que tiene cinco panes de cebada y dos pececillos; mas ¿qué es esto para tantos?" (6:9).

Yo no diría que Andrés es un campeón en base a lo que se dice aquí. Estoy seguro de que si él viviera hoy no sería conocido como un fundador o un promotor. Andrés escuchó la respuesta de Felipe y probablemente pensó: *Creo que las cosas no hay que plantearlas como Felipe. Él es un buen hombre y me cae bien, pero está un poco en el lado negativo.* Andrés vio las cuentas que había sacado Felipe: Mucho pan para tan pocos centavos; muchas personas hambrientas; hay que partir cada pan en demasiados pedazos. *No,* pensó Andrés, *no merece la pena. Felipe tiene razón. Habría solo un pedacito para cada persona, incluso si contáramos con el dinero. Pero esto no puede ser el final. Tiene que haber alguna respuesta, alguna manera mejor de hacerlo.*

Así que Andrés comenzó a mirar a su alrededor. Estamos mucho más cerca del milagro cuando tenemos una iglesia llena de personas como Andrés. Aun si solo cuenta con uno o dos de ellos, por lo general va a escuchar que uno de ellos dirá: "Aquí está un muchacho, que tiene cinco panes de cebada y dos pececillos; mas ¿qué es esto para tantos?". Se puede notar que hay un tono de voz más positivo y optimista, lo que es una invitación para que alguien acuda a echar una mano. "Si alguien viniera y aportara una palabra de ánimo, creo que veríamos la esperanza en esta situación". Ese es Andrés.

Nos sentimos un poco mejor cuando estamos cerca de Andrés. Felipe era frío como un témpano de hielo, con su calculadora y sus pruebas nadie iba a comer en aquella ocasión. Andrés miró a su alrededor y dijo: "Bueno, aquí tenemos un comienzo. Contamos con un pequeño almuerzo, con una pequeña cesta, con un muchacho".

Nunca he llegado a saber cómo se las arregló aquel muchacho para poder entregar su almuerzo. Los muchachos que yo conozco se habrían comido todo para las 9:00 de la mañana del primer día, ¡y aquí estamos ya en el tercer día! Pero él estaba todavía conservando su modesto almuerzo. Quizá su madre la había preparado un poco más y él todavía lo conservaba. Los cinco panes de cebada de aquel tiempo eran bastante pequeños. Eso era todo lo que tenían, además de un par de pececillos.

Así, pues, allí estaba el muchacho. Andrés por sí mismo no tenía nada, pero sabía que allí se encontraba un muchacho con un poco de comida. Aquello podía ayudar un poquito. Creo que Andrés es siempre una bendición en un consejo o concilio de iglesia, porque al menos siempre anda a su alrededor buscando a alguien que tenga un pequeño almuerzo. Esto habla de esperanza, o al menos de un poco de fe.

**Necesitamos a algunos como Andrés**

Es hora de encontrar uno o dos como Andrés, personas que tienen esperanza y fe y que miran a su alrededor buscando al menos un indicio de ayuda. Eso es todo lo que era aquel almuerzo: solo una muestra. No era mucho en realidad. Solo servía para ayudar a uno. Pero Cristo tomó aquella muestra insuficiente e hizo que fuera suficiente para más de cinco mil personas.

A veces he citado un pequeño pasaje que conseguí de Walter Hilton, quien vivió antes del tiempo de Shakespeare. Hablaba acerca de servir a Dios y cómo deberíamos hacerlo. Él dijo: "Les daré una pequeña norma". Luego usó la antigua palabra inglesa mickle, que significa "mucho". "Mucho tiene, mucho hace. Tengamos, hagamos. Si no tiene nada, al menos tenga buena intención". Si usted tiene mucho, haga mucho. *Si no tiene mucho, haga lo que pueda. Si no tiene nada, tenga buenas intenciones.* Esa es una buena norma. Andrés tenía al menos buenas intenciones. Encontró un almuerzo, una muestra. Él estaba del lado de Dios.

Habrá notado que Juan no nos dice en realidad cómo se hicieron con aquel almuerzo. Nos dice que Jesús tomó aquellos panes; no nos dice cómo los consiguió. Pero he leído lo suficiente acerca de mi Señor como para estar seguro de que no hubo ninguna coacción. Aquel almuerzo debió ser vitalmente importante para el muchacho, pero él se lo entregó voluntariamente a Jesús.

Quizá Jesús se acercó al muchacho y le dijo sonriendo:

—¿Te gustaría hacer algo que ayudará mucho a todas estas personas hambrientas?

Y aquel muchacho de rostro feliz respondió:

—¡Claro que sí, Maestro!

—Pues entonces, ¿me quieres entregar tu almuerzo?

Pienso que el muchacho sonrió y se lo entregó a Jesús, quien luego se volvió a los discípulos y les dijo: "Haced recostar la gente". De modo que se sentaron de manera ordenada en filas o en corros, y Jesús tomó el pan y lo bendijo, elevó su corazón al cielo y dijo: "Oh Dios, bendice este poquito. Bendice este poquito de optimismo y esperanza. Bendice esta muestra de fe".

Después Jesús entregó el pan de cebada y los peces a los discípulos y estos lo repartieron a los presentes, y de repente había cestas llenas. ¿De dónde salieron las cestas? Eran las cestas de comida donde las personas llevaban su comida los días anteriores. Habría abundancia de cestas vacías en aquella multitud, pero solo un almuerzo. Jesús tomó un almuerzo y lo multiplicó para que hubiera comida para todos. Debido a que se lo habían entregado con alegría y esperanza, se convirtió en la bendición de más de cinco mil personas.

## Algunas preguntas personales

Todo esto nos lleva a hacer algunas preguntas personales. ¿Es usted un Felipe? ¿Un Andrés? ¿Un muchacho con un almuerzo?

Felipe era tan bueno en los cálculos que se le olvidó incluir a Dios en la ecuación. Andrés estaba un poco más cerca. Él no contaba con nada por sí mismo, pero sabía que podría encontrar alguna cosa. También estaba allí el muchacho. Él tampoco tenía mucho, pero lo que tenía se lo dio a Jesús, quien tenía el poder para hacer que fuera suficiente.

¿En que lado se encuentra usted? ¿Se encuentra usted entre los que están convencidos de que el Señor no puede hacer nada en una situación como esta? ¿Tiene usted a mano su calculadora para demostrar la imposibilidad de la situación?

¿Está usted entre los inseguros, cuyo corazón está en el lado correcto? Usted está seguro de que el almuerzo no es suficiente, pero vive en esperanza porque al fin y al cabo es algo.

Quizás usted se encuentra con el muchacho, que dice: "Maestro, te doy mi almuerzo, eso quiere decir que puede que me quede sin comer. Pero me gusta la manera en la que haces las cosas y estoy dispuesto a confiar en ti. Tómalo, es tuyo".

Déjeme decirle ahora mismo lo que yo pienso. Creo que cuando el Señor envió una cesta de aquel alimento para el muchacho, puso un pez extra encima de todo. Eso es lo que acostumbra a hacer el Señor: poner un poco más en la cesta del seguidor que le ha entregado todo lo que tenía. Yo sé que eso es lo que hace con las cosas espirituales, ¿por qué entonces no iba a hacerlo también con un almuerzo?

Recomiendo que le pidamos a Dios que nos dé al menos la fe de Andrés y que luego comencemos a mirar a nuestro alrededor por indicios de la gracia de Dios. Estoy seguro de que encontraremos algunas muestras. Puede que usted mismo tenga una muestra y no lo sepa. ¿Usted cree que el muchacho sabía que él tenía la clave para aquel milagro? No, él no lo sabía. Pero en realidad él lo llevaba en su cesta de la comida. Lo había llevado consigo durante tres días y no lo sabía.

Puede que usted tenga entre sus posesiones la clave del futuro. Usted puede tener en su mano, sin saberlo, la llave para la salvación de al menos diez personas o quizá de cien, si tan solo lo supiera. Lo único que necesita hacer es entregar a Cristo lo que tiene y dejar que Él lo use.

Dígale a Jesús ahora: "¡Maestro, solo tengo una poca cosa, una pequeña muestra, pero Señor Jesús es tuyo, tómalo!". El Señor lo tomará. Cómo hará para multiplicarlo, no lo sé, pero Él puede hacerlo.

Y ciertamente lo hará.

CAPÍTULO

10

# La iglesia se halla en un mar tormentoso

Este último capítulo tiene el propósito de ser un mensaje de ánimo en un tiempo de agitación política, social y económica. En medio de todo este trastorno en la tierra, vemos a uno que aparece caminando a través de la tormenta. Su nombre es Jesús. Es Cristo el Señor. No debemos atemorizarnos, ni siquiera por un momento, porque Jesús es el Señor soberano.

Juan nos informa que después de que Jesús alimentara a la multitud, nuestro Señor percibió que aquellas personas satisfechas "iban a venir para apoderarse de él y hacerle rey" (Jn. 6:15). De manera que Jesús "volvió a retirarse al monte Él solo". Es ahí que seguimos con el relato:

> Al anochecer, descendieron sus discípulos al mar, y entrando en una barca, iban cruzando el mar hacia Capernaum. Estaba ya oscuro, y Jesús no había venido a ellos. Y se levantaba el mar con un gran viento que soplaba. Cuando habían remado como veinticinco o treinta estadios, vieron a Jesús que andaba sobre el mar y se acercaba a la barca; y tuvieron miedo. Mas él les dijo: Yo soy; no temáis. Ellos entonces con gusto le recibieron en la barca, la cual llegó en seguida a la tierra adonde iban (Jn. 6:16-21).

Notemos los elementos de la acción. Jesús se retiró al monte, supuestamente para reflexionar y orar; los discípulos, por su parte, se reunieron a orillas del lago y se subieron a una barca para irse a Capernaum, lugar que era su hogar y base de operaciones. Una tempestad repentina convirtió al lago de Galilea en un mar agitado y los atemorizados discípulos lucharon en la barca contra el acoso de la tempestad. Entonces vieron a Jesús caminando sobre el agua. Luego de asegurarse que era Él, lo recibieron en la barca y, milagrosamente, llegaron salvos y sanos a su destino.

Este episodio se convierte en un drama profético de la iglesia al estar ella esperando el regreso de nuestro Señor y la predestinada consumación de todas las cosas. No fue coincidencia que nuestro Señor se marchó al monte y los discípulos se fueron al lago. Creo que el Señor tenía la intención de darnos una bella lección objetiva, llevándonos a pensar en todo lo concerniente a la esperanza de su regreso a la tierra. Creo con todo mi corazón que Jesús va a regresar pronto. Creo que el Él va a caminar en nuestro mar agitado, de la misma forma que caminó sobre el lago de Galilea para estar con sus preocupados discípulos. Quizá pensemos que nosotros no lo necesitamos de forma tan desesperada. Cuando nuestra necesidad aquí sea tan grande que ya no podemos seguir sin Él, entonces vendrá.

## Un Señor Jesús inspirador

Hay algunas cosas muy bellas e inspiradoras acerca de la persona del Señor Jesúcristo que debiéramos conocer al tiempo que proseguimos. Como ya he mencionado, después de la alimentación de los cinco mil, Jesús percibió que la multitud satisfecha y agradecida quería tomarlo por la fuerza y hacerlo su rey. De manera que Él se salió y marchó de nuevo al monte solo, mientras que los discípulos se acercaban a la orilla del lago para subirse en una barca y remar hacia Capernaum.

Notemos primero que Jesús rehusó la oferta de la multitud de hacerlo rey. El hombre promedio no hubiera rechazado una corona, pero Cristo Jesús no es un hombre promedio; Él es el Señor soberano del universo. Declinó la oferta de una corona porque sabía que la corona que le estaban ofreciendo no era la que Él estaba destinado a llevar. Nuestro Señor sabía también que este no era el momento oportuno para una corona. Sabía que lo esperaba una cruz antes de que pudiera recibir una corona.

Podemos estar seguros de que nuestro Señor Jesucristo nunca hizo lo que se esperaba que hiciera, como otros hombres hubieran hecho. Para mi mente, Él es el Poeta, Artista y Músico supremo de todo el mundo. Todo lo que es bello, agradable, atractivo y deseable se concentra en el Esposo celestial.

Su nacimiento no fue un nacimiento común, porque nuestro Señor se inclinó a vestirse de carne mortal para nacer de la virgen María. Lo que Él ha hecho, en virtud de su nacimiento, es elevar y dignificar el nacimiento humano más allá de toda posibilidad de descripción.

El trabajo de Jesús no fue una tarea común, aunque Él se humilló para trabajar en un banco de carpintero. Lo que hizo fue elevar todo trabajo a un nivel no común y dignificar la tarea más humilde.

Jesús sufrió cuando estuvo aquí en la tierra y, no obstante, su sufrimiento no fue el sufrimiento común, callado y frío que vemos en nuestro mundo. No fue esa clase de sufrimiento que destruye las altas regiones del espíritu haciéndonos semejantes al barro de la tierra del cual procedemos. El sufrimiento de nuestro Señor no fue común porque todo lo que hizo y dijo se elevó infinitamente sobre el nivel de lo común.

## Elevados sobre el nivel común

Si le pertenecemos a Jesús ahora en fe, Él nos ha elevado sobre el nivel de lo común, de manera que nosotros como hijos de Dios ya no hacemos lo que es común. Es esta elevación de cosas mediante el sufrimiento del Salvador lo que explica por qué el acto más común se convierte en un acto extraordinario cuando es hecho por el creyente en el espíritu de la compasión de Cristo.

Nuestro Señor también se dispuso a morir, pero su muerte no fue la muerte común de un hombre. No fue el saldo de una cuenta con la naturaleza. No fue el pago final de una hipoteca impuesta sobre Él por la naturaleza. La naturaleza nunca tuvo una hipoteca sobre Cristo Jesús. Él era el Creador de la naturaleza, no su deudor.

¿Qué es lo que hizo que la muerte de Jesús no fuera común, que fuera diferente? Fue la muerte del justo por los injustos. Su muerte fue un sacrificio vicario. Pagó una deuda, que Él no tenía, a favor de otros que estaban tan endeudados que jamás podrían pagarla.

Al ser esa clase de Señor en su vida y en su muerte,

es lógico esperar que sus palabras nunca serían palabras comunes. Podemos entender bien por qué sus palabras nunca serán comprendidas por los hombres y mujeres comunes, no convertidos. Pero también entendemos por qué sus palabras han caído siempre como bálsamo de gracia y verdad sobre los oídos de los humildes de corazón y mansos de espíritu.

¿No ha sido este el testimonio de los santos de Dios a lo largo de los siglos? Han acudido a las Escrituras como las abejas a las flores, para llevarse el aroma y el néctar precioso para sus necesidades espirituales. Pero luego, al regresar de nuevo, se han dado cuenta de que quedaba todavía tanto néctar como habían disfrutado antes. Como la viuda de Sarepta que experimentó que nunca se agotaba la harina de la tinaja ni el aceite de la vasija (vea 1 R. 17:7-16), cada texto de las Escrituras, cada palabra de nuestro Señor soberano, siempre nos ofrece tesoros preciosos sin importar cuántas veces los consultamos ni el tamaño de nuestra necesidad.

Así sucedió con los actos de Jesús. Lo vemos cuando nuestro Señor rehusó la demanda de la multitud y se retiró al monte. Si Jesús hubiera accedido a recibir la corona que le ofrecían, Israel hubiera corrido tras de Él en un momento. Pero Jesús tomó la cruz en la voluntad de Dios antes de que la corona fuera de la voluntad divina. ¡Qué gran significado y dirección hay aquí para cada uno de nosotros!

A algunos de nosotros nos ocupa mucho tiempo el aprender que la corona antes de la cruz es solo un pedazo de hojalata sin valor. Es barata y dorada, y cuando la examinamos de cerca leemos la inscripción de "Hecha en el infierno". No es una corona que desciende de la gloria celestial, sino una corona que procede de abajo, una corona falsa para la persona dispuesta a tomarla antes de cargar con la cruz.

## La voluntad de Dios es siempre lo mejor

A riesgo de repetir un cliché religioso, debo señalar que la voluntad de Dios es siempre lo mejor, en cualquier circunstancia. Jesús rehusó la corona y decididamente tomó la cruz porque esa era la voluntad de Dios, tanto para Él como para la humanidad.

No tengamos temor de tomar nuestra cruz y confiar en

que Dios nos proveerá de la corona a su tiempo. ¿Por qué tantos en nuestro tiempo tratan de evitar parte del proceso en su vida espiritual eliminando la cruz en ruta hacia la corona?

Nuestro Señor aceptó la voluntad del Padre. Rehusó tomar la corona que Israel quería darle, y en su lugar tomó la cruz que los romanos le dieron. Al tercer día resucitó de los muertos. Cuarenta días después ascendió para sentarse en el trono a la diestra del Padre. Sus discípulos lo vieron partir, ¡y allí está hoy!

Volvamos al episodio de Juan 6: ¿Qué hizo Jesús cuando se encontraba solo en el monte? Oró. Jesús, el ejemplo supremo de oración de todos los hombres de oración, quería hablar con su Padre celestial. Habló con Él acerca de aquel pequeño grupo de discípulos del que hacía poco se había apartado, y acerca de las cinco mil personas que acababa de alimentar y que en su ignorancia querían hacerlo su rey.

Según las cuentas humanas de la multitud, Jesús produciría una revolución que liberaría a Israel, como en los días de Gedeón y de los grandes jueces y profetas del Antiguo Testamento. Pero Jesús conocía muy bien a estas personas. Sabía que lo peor que Él podía hacer sería ponerse aquella corona y dirigir a la multitud a un reino terrenal.

En realidad, habrían sido necesarios muchos cambios entre aquellas personas antes de que pudieran ser hijos e hijas de un reino terrenal. De modo que Él estaba orando por ellos a causa de su ignorancia y confusión, orando al Padre celestial por sus ovejas. *¡Y eso es exactamente lo que está haciendo ahora!* Jesús está en el cielo orando por sus discípulos. No quiero decir que nuestro Señor esté continuamente hincado de rodillas en la gloria allá arriba, pero sí está en continua comunión con el Padre. "Por lo cual puede también salvar perpetuamente a los que por él se acercan a Dios, viviendo siempre para interceder por ellos" (He. 7:25).

## Orar sin cesar

Hace algunos años, a Max Reich, quien habló en nuestra iglesia varias veces, le pidieron que describiera su vida de oración: "Si me están preguntando acerca de si yo dedico largo tiempo a estar a solas hincado de rodillas en oración, en ese caso tengo que decirles que no soy un hombre de mucha oración", nos dijo el doctor Reich. "Pero si usted acepta la oración sin cesar como un estado de comunión continua y humilde con Dios, día y noche, en todas las circunstancias de la vida, abrir y derramar el corazón ante Dios en un compañerismo fiel y continuo, entonces sí puedo decirles que oro sin cesar".

Creo que esta es la manera en la que nuestro Señor nos recuerda a los creyentes ante el trono del Padre. Su comunión con el Padre nos habla de la necesidad de una comunión continua de nuestra alma con Dios. La clase de comunión y devoción que no consiste de palabras.

Una vez escribí un editorial titulado "Adoración sin palabras". Trataba de presentar la idea de que hay una adoración que está más allá de las palabras. En efecto, he llegado a la conclusión de que todo lo que se puede expresar mediante palabras es de segunda clase, porque hay espiritualidades divinas que no pueden ser expresadas.

De hecho, Pablo dijo acerca de estas espiritualidades divinas: "escuchó cosas indecibles que a los humanos no se nos permite expresar" (2 Co. 12:4, NVI). Son las cosas eternas que nunca terminan. Es aquí donde tenemos que recordar que Dios nos está permitiendo vivir a la vez en dos planos. Nos permite vivir en el plano religioso, donde hay predicadores, directores de canto, coros, organistas, pianistas, editores, líderes y promotores de evangelismo. Eso es religión. Es religión con un sobretodo (la prenda de vestir que lo cubre todo), la vestidura externa de la religión. Tiene su lugar en la obra y plan de Dios. Pero más allá y por encima de todo lo externo en nuestras experiencias religiosas está la esencia espiritual de todo ello. Y es por esa esencia espiritual por la que clamo. Anhelo verla entronizada en nuestra comunión y compañerismo en la iglesia de Cristo Jesús.

Tenemos muchas conferencias bíblicas que comienzan y terminan en sí mismas. Giran por completo alrededor de ellas mismas, y después de la bendición cada cual se va a su casa no mejor de lo que estaba antes de comenzar. Esa es la pena y el dolor de esas conferencias. Clamo por algo más que un textualismo que comienza y termina consigo mismo y no ve nada más allá.

## Debemos seguir adelante en el Espíritu Santo

Si no vemos más allá de lo visible, si no podemos tocar lo que es intangible, si no podemos escuchar lo que es inaudible, si no podemos conocer lo que está más allá del conocimiento, entonces tengo serias dudas acerca de la validez de nuestra experiencia cristiana. La Biblia nos dice:

> Cosas que ojo no vio, no oído oyó, ni han subido en corazón de hombre, son las que Dios ha preparado para los que le aman (1 Co. 2:9).

Esa es la razón por la que Pablo nos recuerda que Dios nos ha revelado esos misterios por medio del Espíritu Santo. Si tan solo cesáramos de tratar de hacer del Espíritu Santo nuestro siervo, y comenzáramos a vivir en Él como un pez vive en el mar, entraríamos en las riquezas de la gloria acerca de la cual no conocemos nada ahora.

Demasiados quieren el Espíritu Santo para poder tener el don de la sanidad. Otros lo quieren para que les dé el hablar en lenguas. Otros también lo quieren a fin de que su testimonio sea eficaz. Admito que todas estas cosas son parte de la enseñanza total del Nuevo Testamento. Pero es imposible para nosotros hacer que Dios sea nuestro siervo. Nunca oremos pidiendo ser llenos del Espíritu Santo con intención de propósitos secundarios. Dios quiere llenarnos con su Espíritu a fin de que primero de todo lo conozcamos a Él y seamos absorbidos en Él. Debiéramos entrar en la plenitud del Espíritu a fin de que el Hijo de Dios sea glorificado en nosotros.

He tratado de sumergir e impregnar mi alma con los escritos e himnos de los santos devotos de Dios que vivieron en los pasados siglos. Fueron hombres y mujeres que caminaron con Dios y luego se los llevó para que estuvieran con Él. Nos dejaron los poemas e himnos preciosos que tantas veces nos han inspirado. Cuando percibo la gloria resplandeciente de la vida y la obra de estos santos escogidos del pasado, me pregunto por qué nos hemos inclinado a leer, cantar o citar cualquier cosa menos aquello que es elevado y divino, noble e inspirado.

## Jesús ora por nosotros

Jesús rehusó la corona. En su lugar, subió al monte. Su

presencia allí es en realidad oración. En el trono del Padre, Cristo no está mencionando eternamente a su pueblo en ruegos y peticiones. No está hablando sin cesar, como algunos de nosotros solemos hacer, encubriendo nuestros temores internos con la multitud de nuestras palabras. No, es su presencia a la diestra del Padre lo que constituye su intercesión a nuestro favor. El hecho de que Él esté allí es lo que constituye el poder de su oración, y esa oración es por los suyos: "Por usted y por mí y por toda la iglesia de Jesucristo".

En este drama en Galilea, no resulta difícil prever a la iglesia cristiana. Como se nos dice en los dos primeros capítulos de Hechos, Jesús apenas había llegado a tocar el monte celestial cuando repentinamente los discípulos fueron llenos con el Espíritu Santo y la iglesia cristiana fue lanzada al mar, al mar oscuro. Y allí ha estado desde entonces.

Cuando nuestro Señor subió al monte y una nube lo recibió ocultándolo de los ojos de ellos, la luz del mundo se marchó y la noche llegó. Jesús ya había advertido a sus discípulos: "Aún por un poco está la luz entre vosotros; andad entre tanto que tenéis luz, para que no os sorprendan las tinieblas" (Jn. 12:35).

Es absolutamente cierto que la noche ha caído sobre el mundo, y la iglesia ha trabajado en las tinieblas a lo largo de los años. No quiero decir que la iglesia no ha tenido luz, pero sí digo que la condición del mundo se ha oscurecido, y ha habido noche oscura en todo el mundo a través de los siglos. La edad de las tinieblas en la historia abarca correctamente desde que el Sol de Justicia se retiró físicamente de nuestra presencia, porque las tinieblas han invadido el mundo desde que Él dejó la tierra.

Los discípulos se fueron al mar. El mar puede ser muy acogedor y, a la vez, ser muy impredecible y traicionero. Puede estar tranquilo hoy y muy violento mañana. El mar sobrelleva hoy sus cargamentos en paz y tranquilidad, pero mañana los hundirá en las profundidades tenebrosas. Para los discípulos aquella noche, el Mar de Galilea les fue contrario, agitado, dificultoso, perturbado, turbulento, traicionero, cruel y potencialmente mortal.

En las Escrituras, el mundo de la humanidad aparece a veces representado metafóricamente como un mar; y es bien cierto que la humanidad se asemeja bastante a la descripción que acabo de hacer del mar. Los líderes de las naciones se reúnen en mesas de conferencias, se dan la mano unos a otros y brindan unos por otros. Se hacen fotografiar juntos. Exteriormente se ríen y bromean como si fueran grandes amigos; pero al día siguiente estos mismos hombres son enemigos nuevamente, y se matarán unos a otros en la primera oportunidad que aparezca. Vivimos en un mundo turbulento, cruel y traicionero.

**Contacto sin fusionarse**

Incluso la relación de la barca con el mar es ilustrativa. Fue una relación de contacto sin fusionarse. Esa debiera ser la relación de la iglesia con el mundo. El mundo es real y la iglesia cristiana está aquí en este mundo con un propósito. Gracias a Dios que estamos "sobre" el mar. Nosotros mantenemos esta misma relación con el mundo como hizo aquella pequeña barca con el lago de Galilea. Es contacto sin fusionarse.

Nuestro problema es el mismo que enfrentaron los discípulos. El mar está siempre intentando entrar en la barca, y el mundo está siempre insistiendo en entrar dentro de la iglesia. El mundo que nos rodea continúa buscando la manera de entrar, de chapotear suavemente, de presentarse con palabras cariñosas y blancas crestas, susurrando siempre: "No seas tan distante; no seas tan hostil. Estemos juntos. Tengo algo para ti, algo que te hará bien". El mundo le hace ofertas a la iglesia, pero la iglesia no necesita al mundo. El mundo no tiene nada que la iglesia cristiana necesite.

Estoy de acuerdo, hay un sentido de necesidad que todos tenemos porque somos seres humanos y ciudadanos. Obtengo mis alimentos mediante los esfuerzos de campesinos y granjeros; viajo por las autopistas de nuestro país; dependo de la asistencia de la policía y bomberos. Y eso también le sucede a usted. Pero eso es algo completamente distinto. Hasta en esos asuntos no nos fusionamos; estamos en contacto pero sin fusionarnos.

Algunos dicen que se sienten apoyados en su fe mediante las ayudas de la ciencia y las respuestas de la educación. Tengo un pequeño libro en mi biblioteca (que lo uso para mantener la ventana abierta cuando necesito aire fresco) que tiene unos capítulos titulados "Encontremos a Dios por medio de la ciencia", "Encontremos a Dios por medio de la naturaleza", "Encontremos a Dios por medio del arte". ¿Por qué tenemos que andar intentando encontrar a Dios a través de la puerta trasera? ¿Por qué tenemos que andar atisbando por una ventana de sótano buscando a Dios cuando todo el techo del edificio es una amplia y clara vidriera mediante la que podemos contemplar a Dios? Tenemos que abrir las grandes claraboyas de nuestro corazón e invitar a Dios para que entre.

Estoy seguro de que los discípulos estuvieron bien ocupados tratando de navegar en medio de aquella noche tormentosa, haciendo todo lo posible para achicar el agua que entraba en su barca. Era cuestión de sobrevivir. ¡Y, lo creamos o no, hoy es también una cuestión de sobrevivir para la iglesia de Cristo Jesús! No es suficiente con apoyarnos en nuestros antepasados y decir como los judíos del primer siglo: "A Abraham tenemos por padre". Juan el Bautista les respondió: "Ya también el hacha está puesta a la raíz de los árboles; por tanto, todo árbol que no da buen fruto es cortado y echado en el fuego" (Mt. 3:9, 10).

**Las denominaciones no cuentan**

El Dios viviente no está preocupado por nuestras denominaciones y por nuestras tradiciones de iglesia. Él no se ha comprometido a preservar nuestros árboles genealógicos religiosos. Él solo quiere que el mundo sea evangelizado. No está interesado en preservar ninguna de nuestras denominaciones, pero sí está muy interesado en la vida de la iglesia de Cristo Jesús, la iglesia espiritual, sin importar qué otros nombres le hayamos dado. Nuestro Señor está interesado en que la iglesia de Cristo Jesús se encuentre a salvo de las olas que llegan. Un poco del mundo aquí, un poco allá, y el mundo va penetrando hasta que llega un momento en el que ya no tenemos una iglesia espiritual. Lo que nos queda es en realidad un barco que se hunde.

La intención de los discípulos en la barca era cruzar el lago y llegar hasta Capernaum. Para ellos, Capernaum era su casa. Los discípulos estaban en la barca camino de su hogar, y era de noche. En nuestro tiempo, la iglesia de Cristo Jesús va de camino a su hogar, todavía remando, todavía luchando, y es de noche.

Cuando pensamos acerca de la iglesia, la verdadera iglesia de Cristo Jesús, algunos de nosotros conservamos en nuestra mente una imagen tan ideal que resulta difícil ser realista acerca del remado y de las luchas. Pensamos en la iglesia en términos idealistas: arreglada, adornada y embellecida en todos los sentidos.

Pero los discípulos en la barca no eran idealistas, sino realistas. Ellos olían a mar. Su lenguaje no era pulido ni académico. Eran hombres normales y comunes que navegaban camino del hogar. Su situación no era perfecta y su tarea no era necesariamente la de hablar de temas sagrados. Puede que discutieran entre ellos. Uno o dos de ellos puede que estuviera de mal humor. Puede que alguno de ellos se fuera a dormir y no cumpliera con su parte. Pero todos ellos navegaban juntos camino del hogar, y Jesús estaba en el monte orando por ellos.

Así sucede hoy con la iglesia de Cristo Jesús. Hay todavía desacuerdos entre el pueblo de Dios. Sucedía en el tiempo de Pablo y sucede también ahora. Hay todavía muchas imperfecciones entre nosotros. Hay condiciones existentes que no debieran estar, pero están. En el mar aquella noche, hace muchos años, los discípulos estaban cansados, abrumados, soñolientos, nostálgicos, navegando hacia Capernaum y su hogar. Su situación no era ideal. Todavía se encontraban metidos en circunstancias humanas, pero eran la niña de los ojos del Señor. Él los amaba y oraba por ellos.

## Esperamos la venida de Jesús

"Estaba ya oscuro", nos dicen las Escrituras, "y Jesús no había venido a ellos" (6:17b). Para la iglesia de Cristo Jesús hubo mucha oscuridad durante los dos primeros siglos de su existencia, y Jesús no vino a ellos. Estaba oscuro en el tiempo de Constantino; estaba oscuro cuando vivió Bernardo de Clairvaux; estaba oscuro cuando Martín Lutero predicó. Era oscuro cuando Juan Wesley se lanzó a predicar; era oscuro cuando George Fox caminó por los montes y valles de Inglaterra. Y durante todo este tiempo Jesús no vino. *Todavía* es oscuro y aún lo esperamos. No queremos admitir que estamos desilusionados pero, no obstante, lo estamos.

A medida que arreciaba el viento y la tempestad azotaba la barca con furia, no hay duda de que los discípulos en medio del lago de Galilea clamaron: "Señor, ¿dónde estás?". Y la iglesia de Cristo Jesús pillada en medio de una tempestad moral que amenaza con hacerla naufragar, lanza el mismo clamor. Gracias buen Dios que tenemos la palabra de seguridad de Cristo: "Las puertas del Hades no prevalecerán contra ella" (Mt. 16:18). Algunas iglesias puede morir, pero *la* iglesia todavía vive. ¡La iglesia de Cristo Jesús, compuesta de todos los hijos de Dios, nunca perecerá!

Les recuerdo que Cristo Jesús es todavía el Señor. Él es todavía la Cabeza de su cuerpo, la iglesia. No tenemos que disculparnos por Él. Nuestro Señor no quiere que suavicemos su evangelio para hacerlo más aceptable al mundo. Él no nos busca para que lo defendamos, para argumentar a su favor. Sus ojos ven a través de la oscuridad. Él sostiene a la iglesia en el hueco de su mano, incluso cuando es azotada por la tempestad en medio del agitado mar.

Y así como Él bajó del monte en el momento apropiado, caminando milagrosamente sobre las aguas para reunirse con sus atribulados discípulos, de igual manera regresará del cielo para reunirnos a sus discípulos y llevarnos al hogar. Todavía no ha venido, ¡pero viene sin duda alguna! No sabemos cuándo vendrá y lo veremos para aclamarlo, pero sabemos que vendrá y lo hará en el momento oportuno. Su amor y su gran interés por su pueblo no le permitirá retrasar su llegada más de lo que sea necesario.

No tengamos temor. El Salvador ya viene de camino sobre el mar. Viene en nuestra dirección. ¡Aunque es oscuro y el viento sopla fuerte, nuestra pequeña barca se encamina hacia el hogar!

Hasta el día de su muerte, A. W. Tozer jamás dejó de exhortar a la Iglesia para que caminase como aquellos que realmente pertenecen al reino de Dios. Anhelaba verla regresar a lo que fue antes, a aquel modelo tipificado por la Iglesia primitiva llena del Espíritu Santo, humilde y amorosa.

Si se ha preguntado alguna vez por qué la Iglesia tiene poca influencia en el mundo y, de igual manera, cómo su vida personal podría constituir más claramente el testimonio poderoso que caracterizó a los primeros cristianos, las palabras de Tozer, severas y rotundas, le recordarán qué es lo que le falta, y le retarán para que renuncie a lo superficial de modo que pueda caminar hacia la fe auténtica.

**ISBN: 978-0-8254-1814-3**

---

Disponible en su librería cristiana favorita o en www.portavoz.com

***La editorial de su confianza***